JN086254

特別支援教育基礎論

安藤隆男

まえがき

　2012（平成 24）年 7 月，中央教育審議会初等中等教育分科会特別支援教育の在り方に関する特別委員会は，「共生社会の形成に向けたインクルーシブ教育システム構築のための特別支援教育の推進（報告）」をまとめました。その中では，共生社会の形成に向けて，障害者の権利に関する条約に基づくインクルーシブ教育システムの理念が重要であり，その構築のため，特別支援教育を着実に進めていく必要があるとしました。そして，インクルーシブ教育システムにおいては，同じ場でともに学ぶことを追求するとともに，個別の教育的ニーズのある子どもに対して，自立と社会参加を見据えて，その時点で教育的ニーズに最も的確に応える指導を提供できる，多様で柔軟な仕組みを整備することが重要であるとしました。小・中学校における通常の学級，通級による指導，特別支援学級，特別支援学校といった，連続性のある「多様な学びの場」を用意することの必要性が指摘されたのです。特別支援学校は，長年培ってきた専門性に基づき，地域における特別支援教育のセンター的機能を果たすことが求められたのです。

　特別支援教育制度へと転換した 2007（平成 19）年度前後から，小・中学校の特別支援学級，通級による指導の対象者は，急激に増加しています。インクルーシブ教育の理念が広く流布する証左とみなせる一方，その教育の質をいかに確保するかが大きな課題となっています。

　そのような中で，2017（平成 29）年以降，順次，学習指導要領等が告示されました。小学校学習指導要領等では，それまで特別支援学校の教育課程編成上の領域であった自立活動を，障害がある子どもの指導に積極的に導入するとされました。自立活動は，教育の場を問わず，障害

4

のある子どもの指導の質を確保する上で，重要な役割を担ったといえます。

　本書では，インクルーシブ教育システム下において特別支援教育を推進し，その教育の質を確保することが喫緊の課題となっていることをふまえ，次の2つの内容から構成しました。第一は，特別支援教育の歴史，理念および制度，ならびにインクルーシブ教育システムに関わる内容です。特別支援教育の形態や障害種等を横断する内容で，総論的な位置づけとなります。学習指導要領等が告示され，知的障害教育の教科等が大きく改訂されたことや，小学校等における特別支援教育に自立活動を積極的に取り入れるとされたことなどを，内容として取り上げました。第二は，特別支援教育の各形態（特別支援学校，特別支援学級および通級による指導）および各障害領域の教育に関わる内容です。視覚障害，聴覚障害，知的障害，肢体不自由および病弱・身体虚弱に加えて，自閉症・情緒障害，言語障害，発達障害の理解と指導をそれぞれ取り上げました。

　特別支援教育を初めて学ぶ方にはその基礎的理解を，すでに一定の知識や経験がある方には，近年の特別支援教育や関連の動向を確認し，その現状や課題に関する理解の深化を，それぞれ図れる構成としました。

　分担の先生方には，ご専門の立場から貴重な原稿を執筆いただきましたことを拝謝いたします。

2019(令和元)年水無月吉日

安藤　隆男

目 次

1 | 特別支援教育とは

安藤　隆男

《**目標＆ポイント**》　特別支援教育制度の成立過程を概観し，特別支援教育の理念および制度について理解する。
《**キーワード**》　特別支援教育，特別支援学校，特別支援学級，通級による指導，特別支援学校教員免許状，インクルーシブ教育システム

1. 特別支援教育の成立と概要

（1）　特別支援教育に係る体制・制度の構築と推進

　ここでは特別支援教育[*1)]に係る体制・制度の構築，推進に重要な提言を行った中央教育審議会初等中等教育分科会特別支援教育特別委員会における審議について概説します。

　2004（平成16）年2月，特別支援教育の推進に関する重要事項を調査審議するため，中央教育審議会初等中等教育分科会に特別支援教育特別委員会（以下，特別委員会）が設置されました。特別委員会は，2005（平成17）年12月に「特別支援教育を推進するための制度の在り方について（答申）」をとりまとめました。

　答申における特別支援教育の定義と概要は次のとおりです。

　特別支援教育とは，「障害のある幼児児童生徒の自立や社会参加に向けた主体的な取組を支援するという視点に立ち，幼児児童生徒一人一人の教育的ニーズを把握し，その持てる力を高め，生活や学習上の困難を改善又は克服するため，適切な指導及び必要な支援を行うものである」

とするとともに，「小・中学校において通常の学級に在籍する LD・ADHD・高機能自閉症等の児童生徒に対する指導及び支援が喫緊の課題となっており，「特別支援教育」においては，特殊教育の対象となっている幼児児童生徒に加え，これらの児童生徒に対しても適切な指導及び必要な支援を行うものである」としました。

特別委員会は，制度の見直しとして次の3つを提言しました。

①盲・聾・養護学校制度の見直し

障害の重度・重複化に対応し，一人ひとりの教育的ニーズに応じた適切な指導および必要な支援を行うことができるよう，盲・聾・養護学校を障害種を超えた学校制度として，「特別支援学校（仮称）」に転換することです。特別支援学校（仮称）には，小・中学校等に対する支援を行う地域の特別支援教育のセンターとしての機能を明確に位置づけました。

②小・中学校における制度の見直し

通級による指導の対象となる障害種を見直し，新たに LD，ADHD，自閉症を加えるとともに，指導時数の弾力化を図ることです。さらに，特殊学級の弾力的な運用を進める等の制度見直しが挙げられました。

③教員免許制度の見直し

特別支援学校（仮称）へと転換することに対応するため，これまで学校種別に分けられていた教員免許状を，それぞれの障害種別に対応した専門性を確保しつつ，LD，ADHD 等を含めた総合的な専門性を担保する「特別支援学校教員免許状（仮称）」に転換することが挙げられました。

以上のように，特別支援教育は機能と対象の拡大が目指されたという特徴を指摘できます。

（2）　特別支援教育制度への転換

　2006（平成 18）年 6 月，学校教育法等の一部を改正する法律（平成 18 年法律第 80 号）（以下，改正法）が可決成立し，2007（平成 19）年 4 月 1 日に施行されました。これをもって 2007（平成 19）年度は特別支援教育の本格実施の年とされました。ここでは，上述の特別委員会が提言した 3 つの見直しに着目して，改正法においてどのように具現化されたのかを整理します。

　1）　盲・聾・養護学校制度の見直し─特別支援学校の成立─

　学校教育法の一部改正関係（改正法第 1 条）は次のとおりです。

　①特別支援学校制度の創設

　盲学校，聾学校および養護学校を「特別支援学校」としました（第 1 条）。これに伴って条文中の表記を特別支援学校としました。

　②特別支援学校の目的

　特別支援学校の目的（第 71 条）は，「視覚障害者，聴覚障害者，知的障害者，肢体不自由者又は病弱者（身体虚弱者を含む。）に対して，幼稚園，小学校，中学校又は高等学校に準ずる教育を施すとともに，障害による学習上又は生活上の困難を克服し自立を図るために必要な知識技能を授けること」としました[2]。

　③特別支援学校の行う助言または援助

　特別支援学校においては，第 71 条の目的を実現するための教育を行うほか，幼稚園，小学校，中学校，高等学校または中等教育学校の要請に応じて，教育上特別の支援を必要とする児童，生徒または幼児の教育に関し必要な助言または援助を行うよう努めるものとしました（第 71 条の 3）[3]。

　2）　小・中学校等における制度の見直し

　小学校，中学校，高等学校，中等教育学校および幼稚園においては，

教育上特別の支援を必要とする児童，生徒および幼児に対し，障害による学習上または生活上の困難を克服するための教育を行うものとしました（第75条第1項[*4]）。なお，「特殊学級」は「特別支援学級」と名称を改め，従前どおりに小学校，中学校，高等学校，中等教育学校に設けることができるとされました。

小・中学校の通常の学級においては，LD，ADHD等により学習や行動の面で特別な教育的支援を必要とする児童生徒が6.3%の割合で在籍している可能性があること[*5]から，これら児童生徒を通級による指導の対象とすることなどによる教育の充実を図るために，2006（平成18）年3月31日，「学校教育法施行規則の一部を改正する省令（平成18年文部科学省令第22号）」が公布され，同年4月1日から施行されました。

3) 教員免許制度の見直し

特別支援教育制度への転換は，特別支援学校教師に対して，①幼児児童生徒の障害の重度・重複化に適切に対応した教育の充実，②特別支援学校のセンター的機能に基づいた，小・中学校等に在籍するLD，ADHD等を含む障害のある幼児児童生徒等への指導，支援の充実，③福祉・医療・労働等の関係機関との連携のもと，就学から学校教育卒業後を見据えた一貫した支援の充実を，求めるといえます（米田，2009）。

以上の制度転換をふまえ，教育職員免許法の一部改正が行われ，2007（平成19）年4月から施行されました。教育職員免許法関係（改正法第2条）の特徴は次のとおりです。まず，盲学校，聾学校，養護学校の教員免許状を，特別支援学校教諭免許状に一本化しました。特別支援学校教諭一種免許状は特別支援学校教師に求められる資質能力を担保するために，総合的知識・理解（基礎理論，教育実習，LD・ADHD等に関する科目および重複障害に関する科目など）を10単位，特定障害の専門

性を確保するための知識・理解（視覚障害者に関する科目と聴覚障害者に関する科目は各8単位，知的障害者，肢体不自由者，病弱者に関する科目は各4単位）を16単位の合計26単位を最低修得単位数としました。

2. 特別支援教育の展開の仕組みとその整備

（1） 特別支援教育の展開における新たな仕組み

2003（平成15）年3月，特別支援教育の在り方に関する調査研究協力者会議は，「今後の特別支援教育の在り方について（最終報告）」の中で特別支援教育を展開する際の新たな仕組みとして，次の3つを提言しました。

1) 個別の教育支援計画

多様なニーズに適切に対応する仕組みとして，障害のある子どもを生涯にわたって支援する観点から，一人ひとりのニーズを把握して，関係者・機関の連携による適切な教育的支援を効果的に行うために策定するものです。

2) 特別支援教育コーディネーター

学内，または，福祉・医療等の関係機関との間の連絡調整役として，あるいは，保護者に対する学校の窓口の役割を担うキー・パーソンとして位置づけています。

3) 広域特別支援連携協議会等

地域における総合的な教育的支援のために有効な教育，福祉，医療等の関係機関の連携協力を確保するための仕組みで，質の高い教育支援を支えるネットワークとして意味づけられます。都道府県行政レベルで部局横断型の組織を設け，各地域の連携協力体制を支援すること等が考えられます。

　これらは，密接な関連を有するものです。すなわち，個別の教育支援計画は，乳幼児期から学校卒業後まで一貫した支援を関係者・機関が連携して行うツールであり，特別支援教育コーディネーターはその策定の連絡調整役となり，そして広域特別支援連携協議会は広域での関係諸機関との連携，調整を行う組織ということになります。

（2）　特別支援教育体制の整備状況と現状

　2007（平成 19）年度からの特別支援教育制度の本格実施にあたり，国は 2003（平成 15）年度から小・中学校における LD・ADHD 等の児童生徒に対する教育支援体制の整備を目指し，「特別支援教育推進体制モデル事業」を，2005（平成 17）年度からは幼稚園，高等学校を含めた「特別支援教育体制推進事業」を実施しました。特別支援教育体制推進事業は，発達障害者支援法（2004（平成 16）年 12 月成立，2005（平成 17）年 4 月施行）の制定を機会として，2005（平成 17）年度から実施された「発達障害者支援体制整備事業」と協働して実施されることとなりました。一連の事業により，義務教育段階から幼稚園や高等学校に拡大され，乳幼児期から学校卒業後の時期までの一貫した支援体制の整備を目指すようになっています。

　特別支援教育支援体制推進事業では，特別支援連携協議会の設置，幼稚園，小・中学校および高等学校における LD・ADHD 等の幼児児童生徒に対する総合的支援体制の整備（推進地域の指定，校内委員会の設置，特別支援教育コーディネーターの指名，巡回相談の実施，専門家チームの設置，個別の教育支援計画の策定），小・中学校の特別支援学級や通級指導教室の弾力的な運用，特別支援学校における特別支援教育の推進，特別支援教育コーディネーターの養成研修に関する実践的な研究が行われました。

　図 1-1 は 2006（平成 18）年度における特別支援教育体制整備状況調査結果のうち，公立学校・園のみを表したものです。小・中学校における整備状況に比べ，幼稚園，高等学校での取組に顕著な遅れが指摘できます。ちなみに，2017（平成 29）年度の調査結果によれば，公立小・中学校における校内委員会の設置，特別支援教育コーディネーターの指名は 100％であり，個別の指導計画の作成 98.7％[*6)]，個別の教育支援計画の策定 93.9％[*6)]，巡回相談 81.6％，研修 86.2％でした。この 11 年で，特別支援教育の体制は，一層の整備が進んでいることを看取できます。また，幼稚園，高等学校においても，学校としての特別支援教育体制の整備が飛躍的に進みました（**図 1-2**）。

　以上のような特別支援教育体制整備状況の中，2017（平成 29）年における特別支援教育の対象者数（カッコ内）と学齢児童生徒に占める割合を示したのが**図 1-3** です。特別支援学校 71,802 人（0.7％），特別支

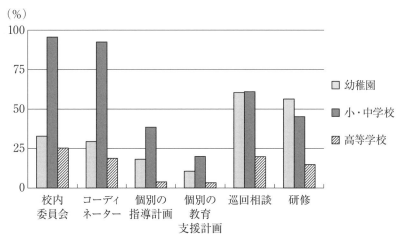

図 1-1　2006（平成 18）年度特別支援教育体制整備状況
出所：平成 21 年度特別支援教育体制整備状況調査結果に基づき著者作成。

16

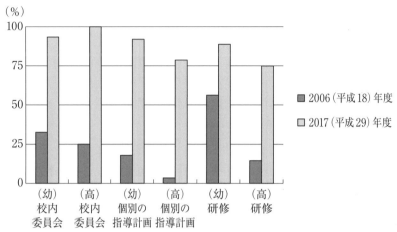

図1-2　公立の幼稚園，高等学校における特別支援教育体制整備状況
出所：平成21年度および平成29年度特別支援教育体制整備状況調査結果に基づき著者作成。

学齢児童生徒9,874,138人

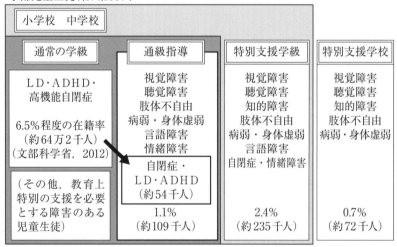

（2017（平成29）年5月現在，義務教育段階）

図1-3　特別支援教育の対象
出所：特別支援教育資料（平成29年度）に基づき著者作成。

援学級235,487人（2.4%），通級による指導108,946人（1.1%），合計では416,235人（4.2%）となります。わが国の学齢段階における特別支援教育の対象のうち，特別支援学校の在籍者は，全体の6分の1に過ぎず，小・中学校の在籍者が圧倒的な多数を占めていることがわかります。

　特殊教育制度最後の年である2006（平成18）年度では，学齢段階の対象が202,307人（1.9%）でしたので，倍増したことになります。わが国の学齢児童生徒のうち，およそ25人に1人の割合で特別支援教育を受けています。

3．インクルーシブ教育システムと特別支援教育

　インクルーシブ教育システム（inclusive education system）とは，人間の多様性の尊重等の強化，障害者が精神的および身体的な能力等を可能な最大限度まで発達させ，自由な社会に効果的に参加することを可能とするとの目的のもと，障害のある者と障害のない者がともに学ぶ仕組みであり，障害のある者が教育制度一般（general education system）から排除されないこと，自己の生活する地域において初等中等教育の機会が与えられること，個人に必要な「合理的配慮（reasonable accommodation）」が提供されること等が必要とされています（資料編の障害者の権利に関する条約参照）。わが国も障害者の権利に関する条約については，2007（平成19）年9月の署名以降，障害者施策を改革するために国内法の整備を進め，2013（平成25）年12月には参議院で条約の締結についての承認を求める件が可決され，翌年1月批准されました。

（1）　インクルーシブ教育システムにおける特別支援教育の位置づけ

　2012（平成24）年7月，中央教育審議会初等中等教育分科会特別支

援教育の在り方に関する特別委員会（以下，特別委員会）は，「共生社会の形成に向けたインクルーシブ教育システムの構築のための特別支援教育の推進（報告）」をとりまとめました。この中で，インクルーシブ教育システムにおいては，「同じ場で共に学ぶことを追求するとともに，個別の教育的ニーズのある幼児児童生徒に対して，自立と社会参加を見据えて，その時点で教育的ニーズに最も的確に応える指導を提供できる，多様で柔軟な仕組みを整備することが重要である。小・中学校における通常の学級，通級による指導，特別支援学級，特別支援学校といった，連続性のある「多様な学びの場」を用意しておくことが必要である」（中央教育審議会，2012）としました。特別支援教育は，共生社会の形成に向けて，インクルーシブ教育システム構築のために必要不可欠なものであり，特別支援教育を発展させていくことが必要であるとされたのです。

（2）　共生社会の形成に向けた今後の進め方

　今後の進め方については，施策を短期（「障害者の権利に関する条約」批准まで）と中長期（同条約批准後の 10 年間程度）に整理した上で，段階的に実施していく必要があるとしています。

　短期では，就学相談・就学先決定の在り方に係る制度改革の実施，教職員の研修等の充実，当面必要な環境整備の実施，「合理的配慮」の充実のための取組み，そしてそれらに必要な財源を確保して順次実施することが挙げられました。中長期では，短期の施策の進捗状況をふまえ，追加的な環境整備や教職員の専門性向上のための方策を検討し，最終的には，条約の理念が目指す共生社会の形成に向けてインクルーシブ教育システムを構築していくことを目指すというものです。

（3）　就学先決定の在り方についての改正

　ここでは，短期において位置づけられた，「就学先決定の在り方に係る制度改革の実施」について言及します。

　2013（平成25）年8月26日付けで学校教育法施行令の一部を改正する政令（政令第244号）が公布され，同年9月1日から施行されました。この改正は特別委員会の報告において，「就学基準に該当する障害のある子どもは特別支援学校に原則就学するという従来の就学先決定の仕組みを改め，障害の状態，本人の教育的ニーズ，本人・保護者の意見，教育学，医学，心理学等専門的見地からの意見，学校や地域の状況等を踏まえた総合的な観点から就学先を決定する仕組みとすることが適当である」との提言がなされたこと等をふまえ，所要の改正を行ったものです。

　この中で注目すべきは，就学先を決定する仕組みの改正です。障害がある者（その障害が学校教育法施行令第22条の3の表に規定する程度のもの）について，特別支援学校への就学を原則とし，例外的に認定就学者として小中学校へ就学することを可能としている現行規定を改め，個々の児童生徒等について，市町村の教育委員会が，その障害の状態等をふまえた総合的な観点から就学先を決定する仕組みとしたことです。市町村教育委員会は「本人・保護者に対し十分情報提供をしつつ，本人・保護者の意見を最大限尊重し，本人・保護者と市町村教育委員会，学校等が教育的ニーズと必要な支援について合意形成を行うことを原則とし，最終的には市町村教育委員会が決定すること」（報告）とされました。報告では「早期からの教育相談・支援や就学先決定時のみならず，その後の一貫した支援についても助言を行うという観点から，「教育支援委員会」（仮称）といった名称とすることが適当である。「教育支援委員会」（仮称）については，機能を拡充し，一貫した支援を目指す上で重要な役割を果たすことが期待される」ことから，市町村教育委員

会に設置される就学指導委員会は，その名称を変更し，機能の充実を図ることとなりました。

　最後に，就学時に決定した学びの場は固定されたものではなく，就学後の児童生徒の学習や適応等の状況を継続的に把握することにより，必要に応じて柔軟に転学できるようにすることが大切になります。このことについては，本人，保護者も含めてすべての関係者が共通理解すべきことであり，個別の教育支援計画等に基づく関係者の会議を定期的に開催することが適当であるとされています。

注》

*1) 2000（平成12）年6月，内閣は国家行政組織法（昭和23年法律第120号）および文部科学省設置法（平成11年法律第96号）の規定に基づき，文部科学省組織令（政令第251号）を制定しました。第32条では初等中等教育局に置く課等を規定し，「特別支援教育課」は10ある課のひとつとして位置づけられました。第38条では特別支援教育課の所掌事務を規定し，第1項において「盲学校，聾学校及び養護学校並びに特殊学級における教育その他の教育上特別の支援を必要とする児童，生徒及び幼児に対する教育」を「特別支援教育」としました。これ以降，特別支援教育に係る審議会や協力者会議などの名称およびその答申，報告では「特別支援教育」を用いるようになりました。

*2) 2007（平成19）年6月に公布された学校教育法等の一部を改正する法律（平成19年法律第96号）により，特別支援学校の目的は第72条となりました。

*3) 平成19年法律第96号により，第74条となりました。

*4) 平成19年法律第96号により，第81条の第1項となりました。

*5) 本書第5章「自立活動の理念と指導」の*4)を参照。

*6) 2017（平成29）年度の個別の指導計画と個別の教育支援計画の作成率は，作成する必要のある該当者がいない学校数を調査対象校数から引いた場合の作成率を示しています。

参考文献

・中央教育審議会「特別支援教育を推進するための制度の在り方について（答申）」，2005
・中央教育審議会「共生社会の形成に向けたインクルーシブ教育システム構築のための特別支援教育の推進（報告）」，2012
・文部科学省「小・中学校におけるLD（学習障害），ADHD（注意欠陥／多動性障害），高機能自閉症の児童生徒への教育支援体制の整備のためのガイドライン（試案）」，2004
・文部科学省「通常の学級に在籍する発達障害の可能性のある特別な教育的支援を必要とする児童生徒に関する調査結果について」，2012
・特別支援教育の在り方に関する調査研究協力者会議「今後の特別支援教育の在り方について（最終報告）」，2003
・米田宏樹「特別支援教育の教員養成」安藤隆男・中村満紀男編著『特別支援教育を創造するための教育学』，明石書店，pp.323-334,2009

〈演習問題〉

　インクルーシブ教育システム下における特別支援学校の役割に関する現状と課題を整理しなさい。

〈解答例〉

　特別支援学校は，その前身である盲・聾・養護学校が培ってきた専門性を継承するとともに，特別支援教育制度への転換の中で，専門性に基づいた新たな特別支援教育に係る地域のセンター的役割を果たすことが求められました。通常の学級，通級による指導，特別支援学級などとともに，連続性のある「多様な学びの場」として位置づけることで，共生社会の形成に向けて，インクルーシブ教育システム構築のために必要不可欠なものであり，特別支援教育を発展させていくことが必要であるとされました。

2 | 特別支援教育の歴史・制度

| 河合　康

《**目標＆ポイント**》　障害のある子どもに対する教育の歩みを概観し，特殊教育から特別支援教育へ転換した背景と特別支援教育の制度について解説する。
《**キーワード**》　特殊教育，盲学校，聾学校，養護学校，特別支援教育，特別支援学校，特別支援学級，通級による指導

1. 日本の戦前における障害のある子どもへの教育の始まりと展開

　世界ではフランス革命前後から障害のある子どもに対する組織的な教育が始まりましたが，その時期は，日本においては江戸時代に当たります。江戸時代には寺子屋で障害のある子どもが学んでいる場合もありましたが，江戸幕府は鎖国政策を採っていたため，世界での障害児教育についての情報は入ってきませんでした。しかし，幕末になるとペリーの黒船が来航するなどの影響を受け，海外の実情を知ることが重要となり，幕府は欧米に使節団を送りました。その中で，教育や医療や福祉などを担当したのが福沢諭吉であり，福沢は帰国後の1866（慶応2）年に「西洋事情」を出版しました。その中で海外における障害のある子どもに対する教育の様子をまとめ，西洋文明の一部としての障害児教育について紹介しました。しかし，幕末は国内は大混乱の時期であったため，障害児に対する取組みは明治維新を待たなければなりませんでした。

　明治新政府が教育についての政策を示したものは，1872（明治5）年

に出された「学制」です。「学制」の中では，障害児のための学校について，さまざまな障害を総称していると思われる「廃人学校」という用語が用いられていました。しかし，実際に「廃人学校」が造られることはありませんでした。その理由としては，「学制」が出されたのは，富国強兵・殖産興業という国家の目的を達成するためには教育が重要であるという考えに基づくものであったため，障害児はこうした目的には合わない者とみなされる傾向が強かったからです。「学制」やその後の法令により，一般の子どもに対する教育は量的・質的に充実していきましたが，障害児については逆に，就学猶予・免除というかたちで，教育の機会から段々と遠ざけられていきました。

　そのような中でも，障害児に対する教育への取組みが始まりますが，それは外国と同様に視覚障害児と聴覚障害児に対してでした。日本における最初の障害児のための学校は，1878（明治11）年に古河太四郎によって京都に設立された京都盲唖院でした。東京でも1880（明治13）年に宣教師のフォールズの呼びかけにより楽善会訓盲院が設立され，1885（明治18）年には公立となり名前が東京盲唖学校となりました。この学校で中心的役割を担ったのが小西信八でした。小西は，それまでの聴覚障害児の教育は手話を中心に行われていたのに対して，海外では聴覚障害児の教育は口話で行われていることを紹介し，日本に広めました。また，当時，視覚障害児は文字にさまざまな工夫をして凹凸をつけて，文字を学んでいましたが，海外では点字を用いていることを知り，同僚の石川倉次に日本語版の点字の作成を託し，彼を支援しました。そして，石川は1890（明治23）年に，日本語のかなの点字を完成させました。

　京都と東京の盲唖学校に続いて，各地に盲唖学校が設立されていきますが，ほとんどが私立で財政的に経営が苦しい状況でした。また，「盲唖」とあるように，視覚障害と聴覚障害という異なる障害の子どもが同

じ学校で一緒に教育を受けていました。こうした状況に対して、「大正デモクラシー」といわれているように、大正時代に権利思想や平等思想が広がっていく中で、1923（大正 12）年に日本で最初の障害児のための法律である「盲学校及聾唖学校令」が出されました。この法律により、道府県に対して盲学校と聾唖学校を別々に設置する義務が課されることになり、公教育に位置づけられることになりました。その後、盲学校と聾唖学校に就学する子どもは増えていき、1944（昭和 19）年の時点では、現在の視覚障害と聴覚障害の特別支援学校の児童生徒数を超える子どもたちがそれぞれの学校で教育を受けていました。

　一方、知的障害児は差別や偏見の対象となることが多く、就学猶予・免除となっていました。こうした中で、石井亮一が 1891（明治 24）年に設立した滝乃川学園において、日本で初めて知的障害児に対する教育的な取組みが始まりました。その後、石井の実践に影響を受けて、他の地域でも知的障害児のための教育的取組みが広がっていきました。しかし、教育法上の根拠がなかったため、学校ではなく施設という位置づけでした。戦前における知的障害児のための学校は、大阪市長の理解と熱意により 1940(昭和 15)年につくられた大阪市立思斉学校のみでした。

　先に述べたように明治時代に就学率は向上していきましたが、当時は一定の学力を習得しないと進級できない仕組み（課程主義：〈現在は年齢とともに上の学年・学校に進む年齢主義〉）であったため、留年せざるをえない、いわゆる学業不振児の存在が問題となってきました。こうした児童への対応としての最初の取組みが、1890（明治 23）年に長野県の松本尋常小学校に設けられた「落第生学級」という特別な学級でした。1896（明治 29）年には長野尋常小学校にも「晩熟生学級」が設けられています。その後、1907（明治 40）年の文部省訓令により、師範学校附属小学校に特別な学級を設けることが求められました。このよう

にして，明治時代の中期以降から，現在の特別支援学級に相当する学級が設けられるようになっていきました。

　肢体不自由教育の始まりはドイツの整形外科学が導入されたことと関係がありました。東京大学医学部の初代整形外科の初代教授の指導を受けた，元体操教師の柏倉松蔵が 1921（大正 10）年に東京に設立した柏学園で，日本で初めての肢体不自由教育が行われました。また，2 代目の教授である高木憲次はドイツ留学中に，教育と医療と職業教育の 3 つを兼ね備えたクリュッペルハイムにおける実践に感銘を受け，日本にも同様の「夢の楽園教療所」の設立の必要性を唱えました。彼の望みは長年の努力により実現し，1942（昭和 17）年に東京に整肢療護園が設立されました。ただし，柏学園も整肢療護園もいずれも学校ではなく，施設という位置づけでした。戦前における肢体不自由児のための学校は，1932（昭和 7）年に東京に設けられた光明学校のみですが，その背景には東京市長の理解と支援があったことや高木が指導・助言を行ったことが挙げられます。

　病弱教育は，当時，亡国病といわれていた結核への対応というかたちで始まりました。最初は，学校の休みを利用して，環境の良い山や海で健康の増進や体力の向上を目指した特別な指導が行われました。しかし，短期間では十分な効果が得られないということで，年間を通じて療養と教科指導を行う機関が必要であると考えられるようになりました。その最初の機関が，1917（大正 6）年に白十字会により，神奈川県の茅ヶ崎に設けられた白十字会林間学校でした。

　戦時中の 1941（昭和 16）年に出された「国民学校令」に関連する規則や規程の中で「養護学校」と「養護学級」という用語が用いられました。しかし，「国民学校令」の目的は国民を鍛錬育成して戦争に勝利することにあったため，実際には身体虚弱児のための養護学級が増加した

のみで，他の障害種の教育が進展することはありませんでした。

2．戦後における特殊教育の始まりと展開

　戦後の日本の教育は，障害のある子どもも含めて，1946（昭和21）年に制定された日本国憲法の第26条と1947（昭和22）年の教育基本法と学校教育法に基づいて始まりました。学校教育法の第1条では「この法律で，学校とは，小学校，中学校，高等学校，大学，盲学校，聾学校，養護学校及び幼稚園とする」と規定され，盲学校，聾学校，養護学校（以下，「盲・聾・養護学校」とする）が学校教育体系の一環であることが明示されました。また，都道府県に対する盲・聾・養護学校の設置義務と保護者に対する就学義務も規定され，法令上，盲・聾・養護学校の義務教育が確立することになりました。さらに，障害児に対する教育の基本的枠組みを定めたのが第6章の「特殊教育」であり，盲・聾・養護学校と特殊学級についての規定がなされました。

　しかし，戦後の混乱と窮乏の中にあっては，小学校と中学校の整備が優先され，盲・聾・養護学校の義務制の実施時期は政令で別に定めるとされ，実質的に延期されることになりました。また，保護者に対する就学猶予・免除についても，戦前の規定を引き継ぐかたちで残されました。このように戦後の特殊教育は，盲・聾・養護学校教育の義務制の延期と就学猶予・免除の克服という大きな課題を抱えてスタートすることになりました。

　しかし，戦前から比較的実績を積んでいた盲学校と聾学校については，1948（昭和23）年から学年進行というかたちで義務制が実施されました。一方，養護学校は実体をほとんど備えていなかったため義務制の実施は見送られました。しかし，1952（昭和27）年に文部省初等中等教育局に「特殊教育室」が設置され，特殊教育行政が統一・強化され

て以降，諸施策が講じられるようになりました。その中でも 1956（昭和 31）年に制定された「公立養護学校整備特別措置法」が大きな役割を果たしました。養護学校は義務教育の対象ではなかったのですが，同法により，養護学校の建築費，教職員の給与，教材費等が国庫負担されることになり，その後，養護学校の数が増加していきました。また，1959（昭和 34）年には，中央教育審議会から「特殊教育の充実振興についての答申」が出され，昭和 30 年代に，養護学校と同様に特殊学級数も飛躍的に増加することになりました。

　昭和 40 年代になると，盲・聾・養護学校および特殊学級の在籍者が増加することに伴い，障害の状況が重度化，重複化，多様化してくるようになりました。こうした状況を踏まえて，1969（昭和 44）年に文部省の特殊教育総合研究調査協力者会議が「特殊教育の基本的な施策のあり方について（報告）」をまとめ，特殊教育の方向性を示しました。また，1971（昭和 46）年の中央教育審議会答申「今後における学校教育の総合的な拡充整備のための基本的施策について」においても「特殊教育の積極的な拡充整備」が取り上げられ，障害児に対して特殊教育の機会を確保するために，国が行政上，財政上の措置を講ずるべきであることが示されました。

　こうした動きを経て，1973（昭和 48）年に「学校教育法中養護学校における就学義務及び養護学校の設置義務に関する部分の施行期日を定める政令」が出され，1979（昭和 54）年度に養護学校教育の義務制が実現しました。こうして，どんなに障害が重い子どもにも教育が保障されることとなり，障害を理由とする就学猶予・免除者が激減することになりました。

3. 特殊教育から特別支援教育への転換

　養護学校教育の義務制以降，障害の重度・重複化や多様化への対応が積極的に講じられるようになり，障害の重い子どもに対する教育の保障という点では，日本は国際的にみても勝るとも劣らない水準を確保することになりました。

　一方，平成時代の初期において，日本の「特殊教育」の対象の比率は約1％であり，この値は他の先進諸国に比べて著しく低率でした（たとえば，米国では約12％，英国では約20％といわれていました）。この原因は，日本の「特殊教育」は通常の学級に在籍している比較的障害が軽い子どもを対象としてこなかったことにあり，この点が問題として認識されるようになってきました。

　そのような中，1992（平成4）年に「通級による指導に関する充実方策について（審議のまとめ）」が出され，翌年より，通常の学級に在籍する比較的障害が軽い子どもを対象とした「通級による指導」が制度化されることになりました。これにより，日本の「特殊教育」は，①盲・聾・養護学校，②特殊学級，③通級指導教室，という3つの特別な場で行われる教育のことを指すことになりました。

　また，この審議のまとめの後半では，わが国で初めて学習障害の問題が取り上げられ，その後の検討課題等が示されました。これを受けて，文部省は1992（平成4）年に「学習障害及びこれに類する学習上の困難を有する児童生徒の指導方法に関する調査研究協力者会議」を設け，同会議が1999（平成11）年に「学習障害児に対する指導について（報告）」をまとめました。そこでは，学習障害の定義，判断基準・実態把握基準，指導方法，指導の形態と場などが示されました。

　こうして，20世紀後半になると学習障害などの通常の学級に在籍す

る障害のある児童生徒に対する関心が高まっていきました。加えて，医療の進展に伴い，従前であれば生命を維持できなかった子どもも学校に就学可能となりましたが，重い障害を伴う場合も多く，障害の重度化への対応も大きな課題となってきました。このような中，文部科学省は2001（平成13）年に「21世紀の特殊教育の在り方について～一人一人のニーズに応じた特別な支援の在り方について～（最終報告）」をまとめました。ここでの重要な点は，従来の特殊教育が特別な場に限定された教育であったのに対し，一人ひとりの特別な教育的ニーズに対応した教育へと転換しようという点にありました。

　この最終報告を踏まえて，「特別支援教育の在り方に関する調査研究協力者会議」は2003（平成15）年に「今後の特別支援教育の在り方について（最終報告）」を出しました。この報告では，タイトルにも含まれている「特別支援教育」について，「これまでの特殊教育の対象だけでなく，その対象でなかったLD，ADHD，高機能自閉症も含めて障害のある児童生徒に対してその一人一人の教育的ニーズを把握し，当該児童生徒の持てる力を高め，生活や学習上の困難を改善又は克服するために，適切な教育や指導を通じて必要な支援を行う」ことであると定義しています。そして，新たな具体的な施策として，①多様なニーズに適切に対応するための「個別の教育支援計画」の策定，②校内や関係機関との連絡調整を行うキーパーソンである「特別支援教育コーディネーター」の指名，③従来の盲・聾・養護学校に代わって，障害種にとらわれない「特別支援学校」を設けること，などの新しい提言がなされました。

　また，この報告をまとめるに際しては，LD，ADHD，高機能自閉症に関する実態調査が行われ，これらの児童生徒が通常の学級に6～7%存在することが明らかにされ，こうした児童生徒に対する教育的対応の必要性が関係者の間で認識されるようになっていきました。

　中央教育審議会は，2003（平成 15）年の報告を受けて，同報告の提言のうち，学校制度の見直しが必要な点に関して，2005（平成 17）年に「特別支援教育を推進するための制度の在り方について（答申）」をまとめました。この答申を受けて，学校教育法が改正され，2007（平成 19）年 4 月より，障害のある子どもの教育は「特殊教育」から「特別支援教育」に制度的に転換されることになりました。改正された学校教育法の施行と合わせて，文部科学省は「特別支援教育の推進について（通知）」を出し，特別支援教育の理念や今後の方向性を示しました。

　「特殊教育」と「特別支援教育」の大きな違いは，前者が障害の種類と程度に応じて，特別な場で行う教育であったのに対して，後者は一人ひとりのニーズに応じて，通常の学級も含めたあらゆる場において教育を行う点にあります。また，生涯にわたって，学校だけでなく，医療，福祉，労働等の関係機関と連携して支援を進めていくことが重要であるという点に留意しなければなりません。

4．特別支援教育をめぐる制度

　図 2-1 は，特別支援教育を含めた教育制度の法体系を示したものです。教育制度について，一つの法律ですべての内容を示すことはむずかしいため，細かい内容は下位の法律に委ねるかたちになっています。

　まず，一番上位の日本国憲法の第 26 条では，障害のある子どもを含めて，すべての子どもが等しく教育を受ける権利があることや，無償での義務教育について規定されています。

　日本国憲法を踏まえて，教育基本法は 1947（昭和 22）年に制定されましたが，「障害」という用語はどこにも用いられていませんでした。しかし，2006（平成 18）年に行われた改正の第 4 条「教育の機会均等」の第 2 項に新たに「国及び地方公共団体は，障害のある者が，その障害

```
┌─────────────────────────────────────────┐
│        日本国憲法 1946（昭和 21）年  第 26 条        │
│                   ↓                       │
│          教育基本法 1947（昭和 22）年              │
│                   ↓                       │
│          学校教育法 1947（昭和 22）年              │
│                   ↓                       │
│           学校教育法施行令（政令）                 │
│           学校教育法施行規則（省令）                │
│                   ↓                       │
│      通達，通知，告示（例：学習指導要領）等           │
└─────────────────────────────────────────┘
```

図2-1　教育に関する法律の体系

の状態に応じ，十分な教育を受けられるよう，教育上必要な支援を講じ
なければならない」という規定が加えられました。障害のある人々に教
育の機会均等を保障するために，国と地方公共団体が必要な支援を講じ
なければならない点を示したことには大きな意義があります。

　特別支援教育の制度に関する具体的な規定がなされるのは**図2-1**の学
校教育法においてからです。以下，各条文について，特別支援学校と通
常の学校に分けて説明しますが，具体的な規定については「資料編」を
参照してください。

（1）　特別支援学校

　「学校とは」で始まる学校の種別を規定した第1条では，障害のある
子どもに対する学校名は，従来の「盲学校，聾学校，養護学校」から
「特別支援学校」に一本化されました。

　また，障害のある子どもに対する教育を規定している章の名称は「特
殊教育」から「特別支援教育」に改められ，現在は第8章に位置づけら
れています。同章の最初の条文である第72条の冒頭で，特別支援学校

には視覚障害者，聴覚障害者，知的障害者，肢体不自由者，病弱者（身体虚弱者を含む）の5つの障害があることが示されています（学校数，学級数，児童生徒数等については第6章を参照）。条文の後半には特別支援学校の目的が規定されていますが，その目的は2つあります。一つは小・中学校等に「準ずる教育」を行うことですが，ここで留意しなければならないのは，「準ずる」とは「準優勝」などの場合に使われる「レベルが低い」という意味ではなく，「基準」「水準」などの場合に使われる「等しい」という意味であるという点です。しかし，障害があることを踏まえて，後半の「障害による学習上……」の目的が加わっているのです。

第73条では，特別支援学校は自分の学校が対象とする障害を明らかにする必要があることが規定されています。これに伴い，従来の盲・聾・養護学校は単一の障害を対象としていましたが，複数種の障害を対象とする特別支援学校の設置も可能となり，特別支援学校の形態の多様化が進みました（形態別の学校数等については第6章を参照）。

第74条には，いわゆる特別支援学校の「センター的機能」についての規定がなされています。特別支援学校には，自校の子どもに対して教育を行うのに加えて，通常の学校の要請に応じて，助言や援助を行う努力義務があることが示されています。上述の2005（平成17）年の答申においては，センター的機能の例として，①小・中学校等の教員への支援機能，②特別支援教育等に関する相談・情報提供機能，③障害のある幼児児童生徒への指導・支援機能，④福祉，医療，労働などの関係機関等との連絡・調整機能，⑤小・中学校等の教員に対する研修協力機能，⑥障害のある幼児児童生徒への施設設備等の提供機能，が挙げられています。インクルーシブ教育を進めるためには，こうした特別支援学校のセンター的機能を有効に活用することが重要になります。

　第75条では特別支援学校への就学の対象となる5障害の障害の程度について規定されています。文末の政令で定めるに当たるのが学校教育法施行令第22条の3であり，「資料編」に示す通りとなっており，この内容は，特別支援学校への就学基準と呼ばれています。

　第76条は特別支援学校に置かれる部について規定されています。義務教育段階の小学部・中学部は設置されるのが原則であり，幼稚部と高等部は設置しないことも，それのみを設置することもできます。実際，特別支援学校には，幼稚部から高等部まで設置されている学校や幼稚部，高等部のみの学校など多様な形態の特別支援学校があります。

　第77条では教育課程についての規定がなされていますが，詳細については第4章を参照してください。

　第78，79条には特別支援学校に置かれている寄宿舎に関する規定がなされています。第80条に規定されている通り，特別支援学校の設置義務は都道府県にあります。そのため，学区域が広くなり，通学がむずかしい子どももいるため，寄宿舎の規定がなされています。

（2）　通常の学校における特別支援教育

　第72条から80条までは特別支援学校に関する規定がなされていますが，第81条は通常の学校における特別支援教育について記されています。特に第1項が2007（平成19）年度からの特別支援教育への転換に伴い，新たに設けられた条文です。冒頭で「……学校においては」とあり，学校の「どこで」とは記されていません。従って，支援を必要とする子どもについてはあらゆる場において必要な教育を行わなければならなくなったことに留意しなければなりません。

1）特別支援学級

　第81条の第2項において，従来の「特殊学級」が「特別支援学級」

表2-1　特別支援学級および通級による指導の対象となる児童生徒の障害の種類と程度

特　別　支　援　学　級		通　級　に　よ　る　指　導	
知的障害者	知的発達の遅滞があり，他人との意思疎通に軽度の困難があり日常生活を営むのに一部援助が必要で，社会生活への適応が困難である程度のもの		
肢体不自由者	補装具によっても歩行や筆記等日常生活における基本的な動作に軽度の困難がある程度のもの	肢体不自由者，病弱者および身体虚弱者	肢体不自由，病弱または身体虚弱の程度が，通常の学級での学習におおむね参加でき，一部特別な指導を必要とする程度のもの
病弱者および身体虚弱者	一　慢性の呼吸器疾患その他疾患の状態が持続的または間欠的に医療または生活の管理を必要とする程度のもの 二　身体虚弱の状態が持続的に生活の管理を必要とする程度のもの		
弱視者	拡大鏡等の使用によっても通常の文字，図形等の視覚による認識が困難な程度のもの	弱視者	拡大鏡等の使用によっても通常の文字，図形等の視覚による認識が困難な程度の者で，通常の学級での学習におおむね参加でき，一部特別な指導を必要とするもの
難聴者	補聴器等の使用によっても通常の話声を解することが困難な程度のもの	難聴者	補聴器等の使用によっても通常の話声を解することが困難な程度の者で，通常の学級での学習におおむね参加でき，一部特別な指導を必要とするもの
言語障害者	口蓋裂，構音器官のまひ等器質的または機能的な構音障害のある者，吃音等話し言葉におけるリズムの障害のある者，話す，聞く等言語機能の基礎的事項に発達の遅れがある者，その他これに準じる者（これらの障害が主として他の障害に起因するものではない者に限る）で，その程度が著しいもの	言語障害者	口蓋裂，構音器官のまひ等器質的または機能的な構音障害のある者，吃音等話し言葉におけるリズムの障害のある者，聞く等言語機能の基礎的事項に発達の遅れがある者，その他これに準じる者（これらの障害が主として他の障害に起因するものではない者に限る）で，通常の学級での学習におおむね参加でき，一部特別な指導を必要とする程度のもの
自閉症・情緒障害者	一　自閉症またはそれに類するもので，他人との意思疎通および対人関係の形成が困難である程度のもの 二　主として心理的な要因による選択性かん黙等があるもので，社会生活への適応が困難であるもの	自閉症者	自閉症またはそれに類するもので，通常の学級での学習におおむね参加でき，一部特別な指導を必要とする程度のもの
		情緒障害者	主として心理的な要因による選択性かん黙等があるもので，通常の学級での学習におおむね参加でき，一部特別な指導を必要とする程度のもの
		学習障害者	全般的な知的発達に遅れはないが，聞く，話す，読む，書く，計算するまたは推論する能力のうち特定のものの習得と使用に著しい困難を示すもので，一部特別な指導を必要とする程度のもの
		注意欠陥多動性障害者	年齢または発達に不釣り合いな注意力，または衝動性・多動性が認められ，社会的な活動や学業の機能に支障をきたすもので，一部特別な指導を必要とする程度のもの

出所：「障害のある児童生徒等に対する早期からの一貫した支援について（通知）」（25文科初第756号（平成25年10月4日）に基づき作成。

に名称変更されました。法律上示されているのは 5 障害ですが，その他
に**表 2-1** に示す通り，全部で 7 種類の特別支援学級があります（学級数
や児童生徒数については第 7 章を参照）。第 3 項に規定されている特別
支援学級は病気療養中の病院等に置かれている学級のことで，一般に
「院内学級」と呼ばれています。

2）通級による指導

1993（平成 5）年から小学校と中学校で実施されている通級による指
導は，学校教育法ではなく，学校教育法施行規則の第 140 条と第 141 条
に規定されています。第 140 条は，在籍する学校に設けられている通級
指導教室に通う形態で「自校通級」と呼ばれています。これに対して第
141 条は，他の学校で指導を受ける形態で「他校通級」と呼ばれていま
す。ただし，どちらの条文にも「通級」という用語は用いられておら
ず，「特別の指導」と「特別の教育課程」という用語がキーワードにな
ります。

　対象となる障害の種類と程度は**表 2-1** の右欄の通りになっています。
知的障害者は対象になっていませんが，これは，1992（平成 4）年の
「通級による指導について（審議のまとめ）」において，知的障害の場合
は固定式の学級で指導を行うことが適切であるとされたことによりま
す。また，学習障害者と注意欠陥多動性障害者は 2006（平成 18）年の
学校教育法施行規則の改正により新たに加えられた障害種になります。

　「特別の指導」と「特別の教育課程」については，特別支援学校の学
習指導要領に記されている自立活動の内容などを取り入れることが挙げ
られます。時間数については，小学校・中学校については，年間 35 単
位時間（週 1 時間）から 280 単位時間（週 8 時間）までが標準とされて
います。ただし，学習障害者と注意欠陥多動性障害者の場合は，年間
10 単位時間（月 1 時間程度）から 280 単位時間（週 8 時間）までと

なっており，柔軟な対応ができるようになっています。

　また，当初，通級による指導の担当教員は加配定数によって措置されてきましたが，2017（平成 29）年度より 10 年かけて基礎定数化（対象児童生徒 13 人につき教員 1 人）されることになりました。加えて，高等学校でも 2018（平成 30）年度から通級による指導が開始され，年間 7 単位を超えない範囲で卒業認定の単位に含めることができるようになり，今後，高等学校における特別支援教育が進展することが期待されています。

引用・参考文献

・文部省『特殊教育百年史』，東洋館出版，1978
・精神薄弱問題史研究会編『人物でつづる障害者教育史（日本編）』，日本文化科学社，1988
・『特別支援教育ハンドブック』編集委員会編『特別支援教育ハンドブック〈加除式〉』，第一法規，2005

〈演習問題〉

　「特殊教育」と「特別支援教育」の相違点についてまとめなさい。

〈解答例〉

　特殊教育は障害の種類・程度に応じて，特別な場で行われていたのに対して，特別支援教育においては一人ひとりの特別な教育的ニーズに応じて，通常の学級も含めてあらゆる場において必要な支援を行う点や，学校だけではなく，生涯を通じて関係機関と連携しながら支援を行う点に相違があります。

3 | インクルーシブ教育システムの構築と特別支援教育

河合　康

《**目標＆ポイント**》　特別支援教育とインクルーシブ教育の関係性を理解するとともに，インクルーシブ教育システムを構築する上で重要となる理念や法制度についての理解を深める。
《**キーワード**》　インクルーシブ教育，サラマンカ声明，障害者の権利に関する条約，障害者基本法，合理的配慮，基礎的環境整備，教員の専門性，障害者差別解消法

1. インクルーシブ教育と国際社会の動き

（1）　インクルーシブ教育とは

　日本で特殊教育から特別支援教育への転換が議論されていた頃，国際的には「障害者の権利に関する条約」についての検討が進められていました。条約は 2006（平成 18）年に国連で採択され，2008（平成 20）年に 20 か国の批准を経て発効しました。条約の第 24 条で教育に関する規定がなされていますが，その第 1 項でインクルーシブ教育システムについて言及されています。

　このインクルーシブ教育が国際的に議論される端緒となったのは，1990（平成 2）年にタイで行われた国際会議で合意された「万人のための教育（Education for All）」を受けて，1994（平成 6）年にユネスコとスペイン政府が共催して行った「特別なニーズ教育に関する世界会議：アクセスと質（World Conference on Special Needs Education：Access and Quality）」において採択された「サラマンカ声明（Salamanca

Statement)」においてです。声明では,「インクルーシブな方向性を志向する通常の学校こそ,差別的態度と戦い,すべての人を受け入れる地域社会を創造し,インクルーシブな社会を構築し,万人のための教育を実現するための最も効果的な手段であり,さらにそれらは,大多数の子どもたちの効果的な教育を提供し,全教育システムの効率を高める」ものであるとし,障害のある子どもだけでなく,すべての子どもや学校教育全体にとって有益なものであることを指摘しています。

(2)「障害者の権利に関する条約」とインクルーシブ教育

　「サラマンカ声明」で提起されたインクルーシブ教育という考え方は「障害者の権利に関する条約」においても規定されました。条約の中で障害者の教育に関する規定を行っている第24条の第1項では,教育についての障害者の権利を認め,その権利を差別なしに,機会均等の原則に基づいて,障害者に対してあらゆる段階におけるインクルーシブ教育システムと生涯学習を保障することを明示しました。その目的としては,(a)人間の潜在能力や尊厳と自己の価値についての意識を発達させ,人権,基本的自由,人間の多様性の尊重を強化すること,(b)様々な能力を最大限まで発達させること,(c)自由な社会に効果的に参加できるようにすること,を挙げています。

　第2項は,第1項の権利を実現するために,確保すべき点について(a)～(e)の5項目が示されています。(a)では障害を理由に一般的な教育制度から排除されないこと,(b)では障害者を包容する質の高い無償の教育の保障が規定されています。(c)では条約全体の原則である「合理的配慮」が示されており,教育においても重要な概念であることがわかります。続いて(d)では一般的な教育制度において必要な支援を受けることを求めています。一方,(e)で「発達を最大にする環

境において」とあるように，環境は特別支援学校なども含めて多様であるとの認識が示されているといえます。この点については，第7条第2項の「児童の最善の利益」の規定とも関連があるといえます。場の選択に固執することなく，教育の質を考えていくことが必要であるといえます。また，第5条で規定されている「平等を促進し，又は達成するために必要な特別の措置は差別ではない」という点にも目を向ける必要があります。

　第3項では，聴覚障害者に焦点が当てられており，特に手話について明示されている点に留意する必要があります。第2条の定義においても，「言語」の中に手話が明示されているように，口話法を主体とした従来の聴覚障害特別支援学校においても手話が採り入れられるようになっていることにつながっているといえます。

　第4項では，視覚障害者と聴覚障害者を教育する学校において，障害当事者も含めて，手話や点字などの専門性のある教員を採用したり，関係者に対する研修を行う必要性が指摘されています。

　第5項では，大学などの高等教育，職業訓練，成人教育，生涯学習における「合理的配慮」を求めており，生涯にわたって支援するという点が示されています。

2．日本における特別支援教育とインクルーシブ教育の展開

（1）　「障害者の権利に関する条約」の批准と「障害者基本法」の改正

　国連や世界各国においてインクルーシブ教育についての議論がなされる中で，日本は特別支援教育がスタートした2007（平成19）年の9月に「障害者の権利に関する条約」に署名しました。ただし，条約が国内で効力を発するためには条約を批准する必要があります。また，条約は

日本国憲法より下位の法令を拘束することになるため，条約の規定と国内の関係法令との整合性を図らなければなりませんでした。

「障害者の権利に関する条約」におけるキーワードは「障害に基づく差別の禁止」と「合理的配慮の提供」の2つですが，日本は2011（平成23）年に「障害者基本法」を改正し，第4条においてこの2点を明記しました。また，教育についての規定を行った第16条で「可能な限り障害者である児童及び生徒が障害者でない児童及び生徒と共に教育を受けられるよう配慮」することを求めるとともに「交流及び共同学習」の推進を明記しました。この第16条の具体化に向けて，文部科学省より次項で述べる報告が出されました。

（2） 2012（平成24）年の中央教育審議会の答申

「障害者基本法」が改正された翌2012（平成24）年には中央教育審議会から「共生社会の形成に向けたインクルーシブ教育システム構築のための特別支援教育の推進（報告）」（以下「インクルーシブ教育報告」）が出され，公的文書のタイトルに「インクルーシブ教育」という用語が初めて用いられました。この報告は「共生社会の形成に向けて」「就学相談・就学決定の在り方」「合理的配慮及びその基礎となる環境整備」「多様な学びの場の整備と学校間連携等の推進」「特別支援教育を充実させるための教職員の専門性の向上等」の5つの柱で構成されており，今後の特別支援教育の方向性を示しています。以下，それぞれについて見ていきます（「就学相談・就学決定の在り方」については第1章を参照）。

1）「共生社会の形成に向けて」

「障害者基本法」ではわが国が共生社会を目指すことが定められていますが，「インクルーシブ教育報告」ではこれを受けて，「共生社会」と

はこれまで必ずしも十分に社会参加できるような環境になかった障害者等が，積極的に参加・貢献できる社会であるとし，その形成に向けては「障害者の権利に関する条約」に基づくインクルーシブ教育システムの理念が重要であり，その構築のためには特別支援教育を着実に進めていく必要があるとして，特別支援教育の位置づけと重要性を明確にしました。そして，インクルーシブ教育システムとは「人間の多様性の尊重等の強化，障害者が精神的及び身体的な能力等を可能な最大限度まで発達させ，自由な社会に効果的に参加することを可能とするとの目的の下，障害のある者と障害のない者が共に学ぶ仕組みであり，障害のある者が「general education system」（署名時仮訳：教育制度一般）から排除されないこと，自己の生活する地域において初等中等教育の機会が与えられること，個人に必要な「合理的配慮」が提供される等が必要とされている」としました。また，インクルーシブ教育システムにおいては，同じ場でともに学ぶことを追求するとともに，個別の教育的ニーズのある幼児児童生徒に対して，自立と社会参加を見据えて，その時点で教育的ニーズに最も的確に応える指導を提供できる，連続性のある「多様な学びの場」を用意しておくことが必要であるとし，特別支援学校や特別支援学級等もインクルーシブ教育を推進する上で重要な役割を果たすことが明示されています。そして，インクルーシブ教育を進めるに当たっては「それぞれの子どもが，授業内容が分かり学習活動に参加している実感・達成感を持ちながら，充実した時間を過ごしつつ，生きる力を身に付けていけるかどうか，これが最も本質的な視点であり，そのための環境整備が必要である」とされている点に留意する必要があります。

2）合理的配慮およびその基礎となる環境整備

「インクルーシブ教育報告」では，「障害者の権利に関する条約」の定義に照らして「合理的配慮」を「障害のある子どもが，他の子どもと平

等に「教育を受ける権利」を享有・行使することを確保するために，学校の設置者及び学校が必要かつ適当な変更・調整を行うことであり，障害のある子どもに対し，その状況に応じて，学校教育を受ける場合に個別に必要とされるもの」であり，「学校の設置者及び学校に対して，体制面，財政面において，均衡を失した又は過度の負担を課さないもの」とし，さらに「合理的配慮」の否定は，障害を理由とする差別に含まれることを明示しました。「インクルーシブ教育報告」では「合理的配慮」について，①教育内容・方法，②支援体制，③施設・設備の3つの観点から示しており，今後はこうした観点を，個別の指導計画や個別の教育支援計画に明示して，教育的支援を行うことが求められます。

　また，「合理的配慮」は個別に提供されるものでありますが，その基礎として国・都道府県，市町村が行う環境整備を「基礎的環境整備」と呼んでいます。「基礎的環境整備」は不特定の者に対する環境の整備であり，具体的には，①ネットワークの形成・連続性のある多様な学びの場の活用，②専門性のある指導体制の確保，③個別の教育支援計画や個別の指導計画の作成等による指導，④教材の確保，⑤施設・設備の整備，⑥専門性のある教員，支援員等の人的配置，⑦個に応じた指導や学びの場の設定等による特別な指導，⑧交流および共同学習の推進，が例示されています。「合理的配慮」はこれらの「基礎的環境整備」の状況により影響を受けることになるため，国や各自治体が積極的に「基礎的環境整備」の充実に向けて取り組んでいくことが期待されます。

3）多様な学びの場の整備と学校間連携等の推進

　「インクルーシブ教育報告」では，障害のある子どもとない子どもが同じ場でともに学ぶことを追求するとともに，連続性のある「多様な学びの場」を用意する必要性を指摘しています。このことは，「合理的配慮」の基礎となる「基礎的環境整備」の筆頭に多様な学びの場が挙げら

れていることからもその重要性が看取できます。それぞれの学びの場の現状と課題については第 6 章，第 7 章を参照してください。

　学校間連携について，「インクルーシブ教育報告」では，地域内の教育資源の組み合わせである「スクールクラスター」を効果的に発揮するよう提言がなされています。その際に重要な役割を果たすのが特別支援学校のセンター的機能となります。文部科学省（2017）は，「平成 27 年度特別支援学校のセンター的機能の取組に関する状況調査」において，特別支援学校における今後の課題として「地域の相談ニーズへ応えるための人材を校内で確保すること」，「特別支援教育コーディネーターの専門性の向上を図ること」を上位に挙げており，そのためには，センター的機能を担う人材の育成が急務であるといえます。

　なお「インクルーシブ教育報告」では，特別支援学校に在籍する子どもが居住地にある通常の学校に副次的に籍を置く取組みは，居住地域との結びつきを強めたり，居住地校との交流および共同学習を推進する上で意義があるとしています。すでにこうした仕組みは，東京都では副籍，埼玉県では支援籍，横浜市では副学籍というかたちで機能しており，今後，学校間が連携して，障害のある子どもとない子どもがともに学ぶ機会を増やす上でも，他の地域にも波及していくことが期待されます。

4）特別支援教育を充実させるための教職員の専門性の向上等

　インクルーシブ教育システムを構築するためには，特別支援教育に携わる教職員の専門性の向上が不可欠です。以下，いくつかの観点から今後の方向性を検討することにします。

①特別支援学校教諭免許状の取得の推進

　特別支援学校の教員については，1954（昭和 29）年の教育職員免許法において，通常の学校の免許状を取得していれば特別支援学校の教員になることができるという特例（現教育職員免許法附則第 16 項）が規

定されたため，現在も，特別支援学校教諭免許状を保有していない教員が特別支援学校に勤務している状況にあります。特別支援学校に勤務している教員のうち，当該障害種の特別支援学校教諭免許状を保有している者の割合は，2007（平成 19）年度が 68.3％であったのに対して 2017（平成 29）年度は 77.7％となり，増加しています。しかし，2 割以上の教員が特別支援学校の免許状を取得しておらず，特別支援教育における制度上の大きな問題となってきました。

　この点については，2006（平成 18）年の第 106 回参議院文教科学委員会で初等中等教育局長が，免許保有率が 7〜8 割程度に高まってきた段階で，時限を切って特例措置を廃止する趣旨の発言を行っています。近年，保有率が高まり，この数値に近づいてきたことを受けて，中央教育審議会は 2015（平成 27）年の「これからの学校教育を担う教員の資質能力の向上について（答申）」において，2020（令和 2）年度までにおおむねすべての特別支援学校の教員が特別支援学校教諭免許状を取得することを目指し，この特例の廃止を視野に入れていることを示しています。今後，特別支援学校の新規採用者には在籍校種の免許状の保有を条件とすること，特別支援学校への異動に際しては当該校種の教諭免許状の取得者を充てること，特別支援学校教諭免許状の認定講習の開講を増やすこと，等の施策を通じて，免許状の保有率を向上させ，現行の特例が一刻も早く撤廃されることを期待しています。

②特別支援学級と通級による指導の担当教員の特別支援学校教諭免許状の
　保有の促進

　特別支援学級と通級による指導の担当教員は通常の学校の免許状を取得していれば法令上の問題はありません。ただし，専門性の担保という点からすると特別支援学校教諭免許状を取得していることが望ましいといえます。しかし，特別支援学級担当教員の特別支援学校教諭免許状の

保有率について 2007（平成 19）年度と 2017（平成 29）年度を比べてみると，小学校は 34.2％から 32.2％へ，中学校は 28.6％から 27.3％へ，全体では 32.4％から 30.7％へと微減傾向にあります。特別支援学校に比べて保有率が上がらない背景としては，特別支援学級担任と通常の学級担任間での異動が短期間に行われ，特別支援学級担任経験が短い者が多いことが挙げられます。

　通級指導教室の担当教員については，全国特別支援学級設置学校協会（2018）が 2017（平成 29）年度に実施した「平成 29 年度全国特別支援学級設置学校長協会調査報告書」によると，特別支援学校教諭免許状の保有状況は小学校 45.6％，中学校 41.2％で，全体では 44.8％となっており，特別支援学級に比べて高い比率となっていますが，半数に満たない状況です。

　新しい通常の学校の学習指導要領では，特別支援学級においては自立活動を取り入れること，また，通級による指導においては自立活動の内容を参考にすることが明示されました。加えて，いずれにおいても個別の教育支援計画や個別の指導計画を作成し，効果的に活用することとされています。このように，今後，特別支援学級および通級による指導の担当教員にも特別支援学校教員と同様の専門性が求められるようになってくるため，特別支援学校教諭免許状保有率の向上に向けて，上述の特別支援学校の場合と同様な施策の推進が望まれます。

　③大学生の特別支援教育に関する知識・技能の習得

　インクルーシブ教育を構築するためには，今後はすべての教員に障害に関する知識や技能の習得が求められます。この点については，2015（平成 27）年 12 月に中央教育審議会から出された「これからの学校教育を担う教員の資質能力の向上について（答申）」において，特別支援教育について教職課程に独立した科目として位置づけるべきであること

が明記されました。そして，2017（平成 29）年の関係法令の改正により，「教科及び教職に関する科目」のうち「教育の基礎的理解に関する科目」に含めることが必要な事項として「特別の支援を必要とする幼児，児童及び生徒に対する理解」が独立して明示され，1単位以上の習得が義務づけられ，この規定は 2019（平成 31）年 4 月大学入学生から適用となりました。各大学は学校教育現場でのニーズを的確に把握し，授業内容や単位数を検討し，質的・量的に当該科目を充実させていくことが求められます。

④特別支援教育コーディネーターの指名

特別支援教育を推進する上でキーパーソンとなるのが特別支援教育コーディネーターです。公立学校における特別支援教育コーディネーターの指名率の推移を 2007（平成 19）年度と 2017（平成 29）年度で比べてみると，幼稚園は 52.6％から 96.4％へ，小学校は 99.6％から 100％へ，中学校は 99.2％から 100％へ，高等学校は 46.8％から 99.9％へと増加しています。小・中学校は特別支援教育に転換した当初からほぼすべての学校で指名されており，幼稚園と高等学校は 2007（平成 19）年度の時点では指名率が低かったのですが，2017（平成 29）年度には 100％近くに上昇しています。このようにどの学校種においても特別支援教育コーディネーターの指名については体制が整備されてきていますが，特別支援教育コーディネーターは専任ではないため，他の職務と兼務の状況にあります。文部科学省が 2018（平成 30）年に公表した「平成 29 年度特別支援教育体制整備状況調査結果について」においては，小学校と中学校は特別支援学級担任が兼務する場合が多く，それぞれ 49.5％，47.1％となっており，高等学校では通常の学級の副担任が兼務する場合が 29.8％と最も多くなっており，特別支援教育コーディネーターの負担が大きいことが窺われます。国はこうした現状に目を向け，

特別支援教育コーディネーターを専任として配置する財政措置を講じる方向で施策を推進していくことが望まれます。

⑤特別支援教育支援員の活用

　特別支援教育支援員は，各学校において，校長，特別支援教育コーディネーター，教員等と連携の上，日常生活上の介助や，障害のある子どもの学習支援や健康・安全の確保や周りの子どもの障害理解の促進を促すなどの役割を担っています。2007（平成19）年度より公立小・中学校について地方財政措置が開始され，その後，2009（平成21）年度には公立幼稚園に，2011（平成23）年度には公立高等学校に拡大されています。幼稚園については，2017（平成29）年度の6,900人が2018（平成30）年度には7,600人に，小・中学校については，48,600人が55,000人に増加し，高等学校については両年度とも500人となっています。全体としては，2017（平成29）年度の56,000人から2018（平成30）年度には63,100人分の財政措置が講じられるようになっており，1割以上の増加が認められます。インクルーシブ教育を推進する際には特別支援教育支援員の果たす役割は大きく，今後もさらなる増員を目指した施策が求められます。

3.「障害者差別解消法」と特別支援教育

　2011（平成23）年の「障害者基本法」の改正を受けて，2013（平成25）年に「障害者差別解消法」が制定されたことにより，「障害者の権利に関する条約」を批准する条件が整い，翌2014（平成26）年に日本は条約に批准しました。「障害者差別解消法」は2016（平成28）年度から施行されました。これにより，障害に基づく差別の禁止は国・地方公共団体等や民間事業者のすべてにおいて法的義務に，また，合理的配慮の提供は国・地方公共団体等においては法的義務に，民間事業者におい

ては努力義務とされました。文部科学省（2015）は，同法の施行に先立ち，教育の分野における「障害者差別解消法」に基づく対応指針を策定しました。

　指針では合理的配慮については本人・保護者との合意形成が重要であるとし，その際には上述の「障害者の権利に関する条約」第24条第1項に示された精神を重視すべきであることを明示しています。そして，合理的配慮の内容を個別の教育支援計画に明記し，合意形成後も，一人ひとりの発達の程度，適応の状況等を勘案しながら柔軟に見直しができることを共通理解することが重要であるとしています。

　また，合理的配慮の提供は，障害のある者と障害のない者がともに学ぶ仕組みであるインクルーシブ教育システムの理念に照らし，障害のある子どもが十分な教育が受けられるために合理的配慮が提供できているかという観点から評価することが重要であり，たとえば，個別の教育支援計画や個別の指導計画について，実行した結果を評価して定期的に見直すなど，PDCAサイクルを確立させていくことが重要であると指摘しています。

　「合理的配慮」は新しい概念ではありますが，これまでの特別支援教育において「支援」「援助」「サポート」等の名称で提供されてきた内容と類似するものも数多くみられます。今後，重要となるのは「合理的配慮」という用語を特別支援教育関係者の共通言語として，相互理解を図り，一人ひとりの教育的ニーズに対応していくことであるといえます。

4．特別支援教育の対象から見た今後の展望

　第1，6，7章で述べた通り，特別支援学校，特別支援学級，通級による指導を受けている子どもの数は増加傾向にあり，文部科学省から2012（平成24）年に出された「通常の学級に在籍する発達障害の可能

性のある特別な教育的支援を必要とする児童生徒に関する調査結果について」で示された当該児童生徒を加えると約1割を占め，平成初期の特殊教育の時代に比べて約10倍と対象が拡大していることがわかります。

　また，特別な教育的ニーズという考え方にも近年，変化が見られています。たとえば2017（平成29）年告示の小学校学習指導要領では，「障害のある児童などへの指導」についての規定を行っていますが，上位の柱は「特別な配慮を必要とする児童への支援」であり，「障害のある児童などへの指導」と並んで「海外から帰国した児童などの学校生活への適応や，日本語の習得に困難のある児童に対する日本語指導」と「不登校児童への配慮」が示されています。

　また，前述の大学での必修科目である「特別の支援を必要とする幼児，児童及び生徒に対する理解」は3つの項目で構成されていますが，その一つとして，障害はないが特別の教育的ニーズのある子どもの把握や理解が示されており，具体的な対象として母国語や貧困等の問題によるものが挙げられています。

　さらに，2014（平成26）年11月，中央教育審議会に対して「初等中等教育における教育課程の基準等の在り方について」の諮問がなされ，2015（平成27）年8月に「論点整理」がとりまとめられていますが，この中で高等学校について「一人一人の生徒の進路に応じた多様な可能性を伸ばす「多様化への対応」の観点からは，学び直しや特別な支援が必要な生徒への指導や，優れた才能や個性を有する生徒への指導や支援など様々な幅広い学習ニーズがある（以下略）」とされ，特別な支援が必要な生徒と優れた才能や個性を有する生徒が並記されており，一人ひとりの学習ニーズは多様であることが示されています。

　こうした流れの中で，今後の特別支援教育は，特別な教育的ニーズの対象をより幅広く捉えるかたちで進行していくことも予想されます。

「インクルーシブ教育報告」においても，特別支援教育の考え方を障害があることが周囲から認識されていないものの学習上または生活上の困難がある子どもにも適用して教育を行うことの必要性を指摘しています。不登校については，法令上は特別支援教育の対象とはなっていませんが，不登校の子どもが特別支援学校等ですでに教育を受けている現状があります。また，「特別支援教育」ではなく「支援教育」という用語を使用している地域もみられます。ここには，ニーズのある子どもに支援を行うことは特別ではなく当然のことであるという理念が見られます。このように，どの子どもにも特別な教育的なニーズが生じる可能性があるという視点に基づき，学校教育全体が変革されることによりインクルーシブ教育が進展し，ひいては共生社会の実現につながることを期待したいと思います。

引用・参考文献

・中央教育審議会「共生社会の形成に向けたインクルーシブ教育システム構築のための特別支援教育の推進（報告）」，2012
・中央教育審議会「これからの学校教育を担う教員の資質能力の向上について（答申）」，2015
・文部科学省「通常の学級に在籍する発達障害の可能性のある特別な教育的支援を必要とする児童生徒に関する調査結果について」，2012
・文部科学省「文部科学省所管事業分野における障害を理由とする差別の解消の推進に関する対応指針について（通知）」，2015
・文部科学省「平成 27 年度特別支援学校のセンター的機能の取組に関する状況調査について」，2017
・文部科学省「特別支援教育資料」，2007-2018
・文部科学省「平成 29 年度特別支援教育体制整備状況調査結果について」，2018
・全国特別支援学級設置学校長協会調査部「平成 29 年度全国特別支援学級設置学校長協会調査報告書」，2018

〈演習問題〉

　障害者差別解消法に基づいて，学校において合理的配慮を提供する際に留意すべき点について記しなさい。

〈解答例〉

　まず，本人・保護者との合意形成を重視し，合理的配慮の内容を個別の指導計画や個別の教育支援計画に明記することが必要です。また，合理的配慮を提供した結果を評価して定期的に見直すなど，PDCA サイクルを確立させ，合意形成後も，一人ひとりの発達の程度，適応の状況等を勘案しながら柔軟に見直しができることを共通理解することに留意すべきです。

4 | 特別支援教育の教育課程

一木　薫

《**目標＆ポイント**》　特別支援教育の教育課程の基準と編成について，小学校等の通常学級，特別支援学級，特別支援学校に分けて概説する。
《**キーワード**》　重複障害者等に関する教育課程の取扱い，自立活動，特別支援学校（知的障害）の各教科，教育内容，授業の形態

1．教育課程の定義

　教育課程は，「学校教育の目的や目標を達成するために，教育の内容を児童生徒の心身の発達に応じ，授業時数との関連において総合的に組織した各学校の教育計画」と定義されます（文部科学省，2018）。

　学校教育法に示される各学校の目的と教育目標（特別支援学校の教育目標は，特別支援学校学習指導要領に明示）をふまえて具体化した自校の教育目標を達成するために，それぞれの教育内容をどれだけの時数をかけて指導するとよいか，学校として検討した計画です。

2．通常の学校における特別支援教育の教育課程

（1）　通常学級

　小学校の教育課程について，学校教育法施行規則第 50 条は「小学校の教育課程は，国語，社会，算数，理科，生活，音楽，図画工作，家庭，体育及び外国語の各教科，特別の教科である道徳，外国語活動，総合的な学習の時間並びに特別活動によつて編成するものとする」として

表 4-1　各教科等の標準授業時数（小学校）

	第 1 学年	第 2 学年	第 3 学年	第 4 学年	第 5 学年	第 6 学年
国　　語	306	315	245	245	175	175
社　　会			70	90	100	105
算　　数	136	175	175	175	175	175
理　　科			90	105	105	105
生　　活	102	105				
音　　楽	68	70	60	60	50	50
図画工作	68	70	60	60	50	50
家　　庭					60	55
体　　育	102	105	105	105	90	90
外国語					70	70
道　　徳	34	35	35	35	35	35
外国語活動			35	35		
総合的な学習の時間			70	70	70	70
特別活動	34	35	35	35	35	35
総授業時数	850	910	980	1015	1015	1015

います。これらの教育内容と第 51 条が示す標準授業時数（**表 4-1**）により教育課程が編成されます。中学校の教育課程については，第 72 条に教育内容が，第 73 条に標準授業時数が規定されています。小・中学校の場合，標準授業時数に基づき教育課程を編成すると，週あたりの総時数をほぼ占めることになります。よって，子どもたちは，在籍校にかかわらず，共通の教育内容を同様の時数で学ぶことになります。

　特別な教育的ニーズのある子どもは小学校等の通常学級にも在籍しています。しかし，通常学級では，子どもの実態に応じて教育内容を変更する，各教科で達成を目指す目標を下げる等の対応はできません。

　2017（平成 29）年告示の小学校学習指導要領解説総則編，中学校学

習指導要領解説総則編の第3章第4節の2，および，2018（平成30）年告示の高等学校学習指導要領解説総則編の第6章第2節の2の「特別な配慮を必要とする児童（生徒）などへの指導」に示された指導内容や指導方法の工夫を図ることが求められます。

（2）　特別支援学級の教育課程

　小・中学校の特別支援学級の教育課程は，同規則第138条に規定されます。特別支援学級の教育課程は，設置された学校の教育内容と標準授業時数をもとに編成することが基本となりますが，特に必要がある場合は，特別の教育課程を編成することができます。たとえば，教科の指導において在籍学年より下学年の目標を扱ったり，知的障害を伴う子どもに対して特別支援学校（知的障害）の各教科を指導したりすることができます。これらは，後述の「重複障害者等に関する教育課程の取扱い」の適用によるものです。

　なお，今回の小学校および中学校の学習指導要領改訂により，「障害による学習上又は生活上の困難を克服し自立を図るため，特別支援学校小学部・中学部学習指導要領第7章に示す自立活動を取り入れること」が明示されました。

（3）　通級による指導を受ける子どもの教育課程

　通級による指導を受ける子どもについては特別の教育課程によることができ，特別な場で受けた授業を在籍する小学校等の特別な教育課程に係る授業としてみなすことができます（同規則第140条，第141条）。通級による指導の利用に至った背景を理解し，子どもの学習上や生活上の困難そのものの改善を図るためには，自立活動の指導が不可欠となります。そこで，今回の小学校および中学校の学習指導要領改訂では，

「障害のある生徒に対して，通級による指導を行い，特別の教育課程を編成する場合には，特別支援学校小学部・中学部学習指導要領第7章に示す自立活動の内容を参考とし，具体的な目標や内容を定め，指導を行うものとする」と明示されました。

　なお，通級による指導の標準時数については，年間35〜280単位時間，学習障害者および注意欠陥多動性障害者については月1単位時間程度の指導でも十分な教育的効果が認められる場合があることから，年間10〜280単位時間とされています。

3．特別支援学校の教育課程

　特別支援学校の教育課程について，小学部は学校教育法施行規則第126条，中学部は第127条，高等部は第128条に規定されます。それぞれ第1項に特別支援学校（視覚障害，聴覚障害，肢体不自由，病弱）で扱う教育内容が，第2項に特別支援学校（知的障害）で扱う教育内容が規定されます。

　以下，小学部を例に，(1) 特別支援学校（視覚障害，聴覚障害，肢体不自由，病弱）と (2) 特別支援学校（知的障害）に分けて説明します。

(1)　特別支援学校（視覚障害，聴覚障害，肢体不自由，病弱）の教育課程を構成する教育内容

　第126条第1項には，「特別支援学校の小学部の教育課程は，国語，社会，算数，理科，生活，音楽，図画工作，家庭，体育及び外国語の各教科，特別の教科である道徳，外国語活動，総合的な学習の時間，特別活動並びに自立活動によつて編成するものとする」と示されています。特別支援学校（視覚障害，聴覚障害，肢体不自由，病弱）の教育課程を構成する教育内容は，小学校と基本的に共通です。唯一の独自性は，自

56

立活動を扱う点にあります。

（2） 特別支援学校（知的障害）の教育課程を構成する教育内容

第126条第2項には，「前項の規定にかかわらず，知的障害者である児童を教育する場合は，生活，国語，算数，音楽，図画工作及び体育の各教科，特別の教科である道徳，特別活動並びに自立活動によつて教育課程を編成するものとする。ただし，必要がある場合には，外国語活動を加えて教育課程を編成することができる。」と示されています。特別支援学校（視覚障害，聴覚障害，肢体不自由，病弱）は小学校の各教科を扱うのに対し，特別支援学校（知的障害）は独自の各教科を扱う点が大きな特徴となります。なお，各教科に加えて特別の教科である道徳，特別活動並びに自立活動を教育課程に位置づけて指導を行うことは，他の特別支援学校（視覚障害，聴覚障害，肢体不自由，病弱）と同様です。

（3） 特別支援学校の授業時数

特別支援学校の教育課程編成に際し，各教科等の標準授業時数に関する規定はありません。自立活動の時数は，子ども一人ひとりの実態に即して設定することとなっているためです。各学校には，自立活動の時間を適切に設定するとともに，各教科等の目標達成に必要な時数を吟味し，設定することが求められます。

特別支援学校では，自立活動の時数を確保するため，各教科の時数は小学校等よりも限定される現状にあります。学習指導要領に示される各教科の内容の習得を通して目標の達成を図るためには，指導内容の精選が不可欠となります。

（4）　弾力的な教育課程編成の必要性

　特別支援学校は，在籍する子どもたちに提供しなければならない教育
内容を第 126 条から第 128 条に即して確認した上で，子どもの多様な実
態に即した教育課程を編成しなければなりません。しかし，特別支援学
校に在籍する子どもたちの実態は多様です。第 126 条から 128 条では，
子どもたちの実態に即した教育課程を編成できない場合が想定されま
す。

　たとえば，次のような場合です。特別支援学校（視覚障害，聴覚障
害，肢体不自由，病弱）には，知的障害をあわせ有するために，小学校
等の各教科を学ぶことが困難な子どもたちも在籍しています。特別支援
学校（知的障害）の中学部や高等部には，各教科の学習に際し，在籍す
る学部より下学部の目標達成を目指す子どもも在籍しています。また，
重複障害のある子どもの中には，各教科の学習の一部を自立活動に替え
て，結果として自立活動により多くの授業時数を配当した教育課程で学
ぶことが適切と判断される場合もあります。

　そこで，第 129 条は「特別支援学校の幼稚部の教育課程その他の保育
内容並びに小学部，中学部及び高等部の教育課程については，この章に
定めるもののほか，教育課程その他の保育内容又は教育課程の基準とし
て文部科学大臣が別に公示する特別支援学校幼稚部教育要領，特別支援
学校小学部・中学部学習指導要領及び特別支援学校高等部学習指導要領
によるものとする」としています。

　特別支援学校の学習指導要領には，在籍する子どもたちの実態に即し
た教育課程を弾力的に編成する際の具体的な規定として「重複障害者等
に関する教育課程の取扱い（**表 4-2**）」が示されています。

表 4-2　重複障害者等に関する教育課程の取扱い

1　児童又は生徒の障害の状態により特に必要がある場合には，次に示すところによるものとする。その際，各教科，道徳科，外国語活動及び特別活動の当該各学年より後の各学年（知的障害者である児童又は生徒に対する教育を行う特別支援学校においては，各教科の当該各段階より後の各段階）又は当該各学部より後の各学部の目標の系統性や内容の関連に留意しなければならない。

　※　(1) ～ (6) は略

2　知的障害者である児童に対する教育を行う特別支援学校の小学部に就学する児童のうち，小学部の3段階に示す各教科又は外国語活動の内容を習得し目標を達成している者については，小学校学習指導要領第2章に示す各教科及び第4章に示す外国語活動の目標及び内容の一部を取り入れることができるものとする。また，知的障害者である生徒に対する教育を行う特別支援学校の中学部の2段階に示す各教科の内容を習得し目標を達成している者については，中学校学習指導要領第2章に示す各教科の目標及び内容並びに小学校学習指導要領第2章に示す各教科及び第4章に示す外国語活動の目標及び内容の一部を取り入れることができるものとする。

3　視覚障害者，聴覚障害者，肢体不自由者又は病弱者である児童又は生徒に対する教育を行う特別支援学校に就学する児童又は生徒のうち，知的障害を併せ有する者については，各教科の目標及び内容に関する事項の一部又は全部を，当該各教科に相当する第2章第1節第2款若しくは第2節第2款に示す知的障害者である児童又は生徒に対する教育を行う特別支援学校の各教科の目標及び内容の一部又は全部によって，替えることができるものとする。また，小学部の児童については，外国語活動の目標及び内容の一部又は全部を第4章第2款に示す知的障害者である児童に対する教育を行う特別支援学校の外国語活動の目標及び内容の一部又は全部によって，替えることができるものとする。したがって，この場合，小学部の児童については，外国語科及び総合的な学習の時間を，中学部の生徒については，外国語科を設けないことができるものとする。

4　重複障害者のうち，障害の状態により特に必要がある場合には，各教科，道徳科，外国語活動若しくは特別活動の目標及び内容に関する事項の一部又は各教科，外国語活動若しくは総合的な学習の時間に替えて，自立活動を主として指導を行うことができるものとする。

5　障害のため通学して教育を受けることが困難な児童又は生徒に対して，教員を派遣して教育を行う場合については，上記1から4に示すところによることができるものとする。

6　重複障害者，療養中の児童若しくは生徒又は障害のため通学して教育を受けることが困難な児童若しくは生徒に対して教員を派遣して教育を行う場合について，特に必要があるときは，実情に応じた授業時数を適切に定めるものとする。

4．重複障害者等に関する教育課程の取扱い

（1）　障害の状態により特に必要がある場合の規定

　表 4-2 の「1」は，障害の状態により特に必要がある場合に適用する規定です。本来，各学校は学習指導要領に示された各教科等の内容はすべて扱い，目標のすべてを達成させなければなりません。しかし，子どもの障害の状態により特に必要がある場合は，「各教科及び外国語活動の目標及び内容に関する事項の一部を取り扱わないことができること」や「各教科の各学年の目標及び内容の一部又は全部を，当該各学年より前の各学年の目標及び内容の一部又は全部によって，替えることができること」「中学部の各教科及び道徳科の目標及び内容に関する事項の一部又は全部を，当該各教科に相当する小学部の各教科及び道徳科の目標及び内容に関する事項の一部又は全部によって，替えることができること」等が示されています。

（2）　特別支援学校（知的障害）に在籍する子どもを対象とした規定

　表 4-2 の「2」は，小学校や中学校から特別支援学校（知的障害）へ転入する子どもが増加傾向にある中，一人ひとりの確かな学びを保障するために必要な措置として，今回の学習指導要領改訂に際し新設された規定です。本来，特別支援学校（知的障害）の教育課程は学校教育法施行規則第 126 条から第 128 条の第 2 項に基づき編成されることから，在籍する子どもたちは特別支援学校（知的障害）の各教科を学ぶことになります。しかし，在籍する学部の各教科の内容を習得し目標を達成している場合，小学校等の各教科を学ぶことを可能とする規定です。

（3） 特別支援学校（視覚障害，聴覚障害，肢体不自由，病弱）に在籍する子どもを対象とした規定

特別支援学校（視覚障害，聴覚障害，肢体不自由，病弱）の教育課程は第126条から第128条の第1項に基づき編成されることから，在籍する子どもたちは小学校等の各教科を学ぶことになります。しかし，知的障害をあわせ有するために，小学校等の各教科を学ぶことが困難な子どもたちも在籍しています。その場合，特別支援学校（知的障害）の各教科を学ぶことを可能とする規定が**表4-2**の「3」になります。

（4） 重複障害者のうち障害の状態により特に必要がある場合の規定

表4-2の「4」は，重複障害のある子どもで，障害の状態により特に必要がある場合は，各教科等を自立活動に替えて教育課程を編成することを可能とする規定です。道徳科と特別活動は全部を自立活動に替えることはできないことに留意する必要があります。

なお，各教科と自立活動は実態把握から指導目標の設定に至る手続きが異なります。2018（平成30）年3月の特別支援学校教育要領・学習指導要領解説自立活動編（幼稚部・小学部・中学部）では，自立活動の場合の手続きについて説明が加えられました。各学校は，各教科と自立活動の考え方の違いを十分にふまえ，「替える」ことが適当かを吟味することが重要です。

（5） 適用に際し留意すべき点

小学校等の通常学級では，すべての子どもが当該学年の目標・内容で各教科等を学ぶことになります。一方，「重複障害者等に関する教育課程の取扱い」を適用できる特別支援学校では，（1）〜（4）に示したように教育内容や目標・内容の変更が可能です。

　しかし，これらの文末が「〜ことができるものとする」と示されているように，義務（〜しなければならない）規定ではないことに留意する必要があります。中でも「1」および「4」の規定には「特に必要がある場合」とあります。すなわち，重複障害者であることは，各教科等を自立活動に替える理由として十分ではないことを意味します。

　在籍する子どもの多様な実態に即した教育課程を編成するために，特別支援学校には「重複障害者等に関する教育課程の取扱い」を適用する裁量が認められています。在学期間に，何を，どれだけの時間をかけて指導するのか，教育内容の選択と配当時数の決定が各学校の判断に委ねられるのです。「重複障害者等に関する教育課程の取扱い」の適用には，学校（＝一人ひとりの教師）の判断が子どもの在学期間の学びを左右することを十分に自覚し，慎重に臨む姿勢が求められます。

5. カリキュラム・マネジメントに不可欠な理解とシステム

（1）　カリキュラム・マネジメントとは

　今回の学習指導要領改訂では，「学校教育に関わる様々な取組を，教育課程を中心に据えて組織的かつ計画的に実施し，教育活動の質の向上につなげていく」カリキュラム・マネジメントの充実が提唱されました。授業と教育課程の関係に焦点化すれば，授業で扱った教育内容に関する子どもたちの学習状況を把握し，その学習評価に基づき，教育課程，すなわち，学校として選択した教育内容や配当時数を評価，改善する取組みと捉えることができます。

　特別支援学校がカリキュラム・マネジメントの充実に臨むためには，次の2点が必要不可欠となります。1つは，教育課程の定義を理解すること，もう1つは，個別の指導計画の Plan-Do-Check-Action（以下，

PDCA）と教育課程の PDCA が連動するシステムを構築することです。

（2）　教育内容と授業の形態の区別を

　「1. 教育課程の定義」に，教育課程は「教育内容」と「授業時数」により編成されることを示しました。しかし，特別支援学校では，**表 4-3**のように，「教育内容」と「授業の形態」を混同し，自校の「教育課程」として公表している学校が少なくありません。

　授業では，学校教育法施行規則第 126 条から 128 条に規定される「教育内容（何を学ぶか）」を子どもたちが確実に習得するための「指導の工夫（どのように学ぶか）」を図ります。各教科等の目標を達成させるためには，教科や領域ごとに指導する場合と，教科や領域のそれぞれの目標や内容を合わせて指導する場合のいずれが効果的か，「授業の形態」の選択もその一つです。「授業の形態」の代表的なものとして，日常生活の指導や生活単元学習，遊びの指導，作業学習等が挙げられます。これらは，「特別支援学校の小学部，中学部又は高等部においては，知的障害者である児童若しくは生徒又は複数の種類の障害を併せ有する児童若しくは生徒を教育する場合において特に必要があるときは，各教科，

表 4-3　A特別支援学校の「教育課程」

日常生活の指導	10
生活単元学習	8
遊びの指導	4
国　語	1
算　数	1
音　楽	2
体　育	2
総時数	28

道徳，外国語活動，特別活動及び自立活動の全部又は一部について，合わせて授業を行うことができる」とした学校教育法施行規則第130条の第2項の適用による授業の形態です。第130条は「授業の形態」に関する規定であり，「教育課程」に関する規定ではありません。

　現在，小学校や中学校から特別支援学校（知的障害）に進学する子どもが増加傾向にある中，特別支援学校の教育課程のわかりにくさを指摘する声が聞かれます。子どもの学びの連続性を担保するためにも，「教育内容」と「授業の形態」を区別して教育課程を編成することが重要です。

（3）　個別の指導計画の PDCA と教育課程の PDCA が連動するシステムの構築

　「重複障害者等に関する教育課程編成の取扱い」の適用が可能で，かつ，自立活動を教育課程に位置づける特別支援学校には，小学校等に比して，子どもの個別性に対応した教育の実現を重視する土壌があるといえます。個々の子どもの単元や年度末における学習評価を，それぞれの次の単元や年度の目標設定に生かす営みが，単元計画や個別の指導計画において重ねられています。一方で，在籍するすべての子どもたちの学習評価を集約し教師間で共有した上で，教育課程の評価・改善に生かす視点が弱く，その手続きを学校として確立することが求められます。

　図4-1に，学校教育目標や教育課程と各種計画の関係を示しました。

　学校は，学校教育目標を掲げ，在籍する子どもたちの卒業時の姿を「めざす子ども像」として描きます。教育課程は，学校目標を達成するために，何を（教育内容），どれだけの時間をかけて指導するか（授業時数），学校として立案する教育計画であり，その教育計画を子どもの実態に即して個別に具体化したものが個別の指導計画です。よって，個別の指導計画には，自校が提供する教育内容に照らして把握した実態や

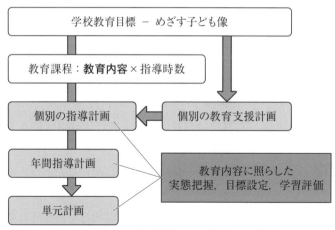

図 4-1　学校教育目標や教育課程と各種計画の関係（著者作成）

設定した目標，そして学習評価が記載される必要があります。また，個々の子どもの個別の指導計画に基づき作成される年間指導計画や単元計画にも，扱う教育内容に照らした実態等が記載されることが，子どもの学習評価を教育課程の評価に還元するために不可欠となります。

　個別の教育支援計画は，子どもの生活に関わる関係者が支援の方向性を共有し必要な連携を図るためのツールです。確認された内容が，個別の指導計画に記す教育活動全体を通じてめざす「3 年後の姿」や「長期目標」に反映されることはありますが，学校として扱う教育内容に直接関与することはありません。

　これらの関係をふまえた上で，子どもたちの学習状況の評価に関わる情報が得られる時期（各学期末や年度末，学校外から評価を得る高等部の職場実習等）と教育課程の評価・改善に関わる作業行程を考慮しながら，個別の指導計画の PDCA と教育課程の PDCA を連動させるシステムを検討し構築することが大切です。

　さらに，「重複障害者等に関する教育課程の取扱い」の適用が可能な
特別支援学校には，教育課程編成時の自校の判断（教育内容の選択や配
当時数の判断等）が果たして適切であったのかを子どもたちの学習評価
に基づいて評価し，改善に努めること，そして，卒業後の生活者の視点
から学校教育を評価し学校教育目標や「めざす子ども像」を見直す取組
みが重要不可欠と考えます。

引用・参考文献

・文部科学省「中学校学習指導要領解説　総則編」，2017
・文部科学省「高等学校学習指導要領解説　総則編」，2018
・文部科学省「小学校学習指導要領解説　総則編」，2017
・文部科学省「特別支援学校学習指導要領」，2017
・文部科学省「特別支援学校教育要領・学習指導要領解説　自立活動編（幼稚部・
　小学部・中学部）」，2018
・文部科学省「特別支援学校教育要領・学習指導要領解説　総則編（幼稚部・小学
　部・中学部）」，2018

〈演習問題〉

　「重複障害者等に関する教育課程の取扱い」の適用に際しては，慎重な判断が求
められます。その理由についてまとめなさい。

〈解答例〉

　各教科・科目の目標や内容を下学年や下学部の目標・内容へ変更した場合，高等
部卒業までに高等学校もしくは特別支援学校（知的障害）高等部の各教科の内容を
習得し目標を達成することは困難になります。また，教育内容そのものを変更（たと
えば，特別支援学校（知的障害）の各教科を自立活動へ変更）した場合，変更前の
教育内容（特別支援学校（知的障害）の各教科）を学ぶ機会はなくなります。この
ように，「重複障害者等に関する教育課程の取扱い」の適用は，子どもが在学期間
に学ぶ教育内容の範囲や教育内容そのものの変更を意味することから，その適用に
際しては慎重な判断が求められます。

5 | 自立活動の理念と指導

安藤　隆男

《**目標＆ポイント**》　自立活動は，小学校学習指導要領等において障害のある子どもの指導にあたって積極的に取り入れると規定された。自立活動とはどのような領域なのか，個別の指導計画をどのように作成，活用すべきかなどについて，自立活動の専門性との関連から概説する。なお，本章では，特別支援学校学習指導要領等のうち，小学部・中学部学習指導要領を取り上げて関係の事項を説明することとする。

《**キーワード**》　養護・訓練，自立活動の成立と理念，自立活動の目標・内容，個別の指導計画，自立活動の専門性

1. 自立活動の成立と理念

（1）　自立活動とは

　2000（平成12）年3月に刊行された「盲学校，聾学校及び養護学校学習指導要領（平成11年3月）解説—自立活動編—（幼稚部・小学部・中学部・高等部）」によれば，『自立』とは「幼児児童生徒がそれぞれの障害の状態や発達段階等に応じて，主体的に自己の力を可能な限り発揮し，よりよく生きていこうとすること」とされます。自立活動の指導の対象となる子どもの障害の状態等は，実に多様であるため，このように自立を幅広く定義せざるをえません。ここで大切なのは，指導を担当する教師は，眼前の子どもが主体的に自己の力を可能な限り発揮することを具現することです。したがって，『活動』は，子どもの主体的な学習活動を指すものであり，これを支え実現するための教師の指導活動

を意味します。

（2）　自立活動の成立の背景

　1999（平成 11）年に告示された「盲学校，聾学校及び養護学校小学部・中学部学習指導要領」等において，それまでの養護・訓練は，自立活動と改められました。

1）養護・訓練の新設

　ここでは，自立活動に関する基礎的な理解を深めるために，まずは養護・訓練について概説しておきましょう。

　1971（昭和 46）年 4 月施行の特殊教育諸学校学習指導要領[1]では，在籍する子どもの障害の重度化，重複化が顕在化し，その状態に応じたきめ細かな教育ができるようにするために，①教育目標を各障害別に明確に示すこと，②心身の障害の状態を改善・克服するための特別の指導としての「養護・訓練」領域の新設，③重複障害者等に係る教育課程編成の弾力化，の改訂が行われました。養護・訓練の誕生です。

2）養護・訓練の目標，内容

　養護・訓練の目標は，「児童または生徒の心身の障害の状態を改善し，または克服するために必要な知識，技能，態度および習慣を養い，もって心身の調和的発達の基盤をつちかう」とされました。この領域の特徴は，「障害の状態」の改善，克服としたところです。障害の改善，克服ではありません。障害の状態とは，後に WHO（世界保健機関）の ICIDH（国際障害分類）との関係から整理され[2]，障害があることによる学習上または生活上の困難であり，子どもが主体的にこれを改善するものとされます。子どもの障害の状態は多様であり，学習上または生活上の困難さは一人ひとり異なることから，養護・訓練では，あらかじめ指導すべき内容が示されていません。このため，養護・訓練の第 2 の内

容は「柱」と呼ばれ，心身の適応，感覚機能の向上，運動機能の向上，意思の伝達の4つの柱の下に12の項目が示されました。

（3） 自立活動の成立と改訂

1） 自立活動の成立

1998（平成10）年7月の教育課程審議会の答申では，「養護・訓練については，一人一人の幼児児童生徒の実態に対応した活動であり自立を目指した活動であることを一層明確にするために，名称を「自立活動」と改めるとともに，目標・内容についても見直し，幼児児童生徒の障害の状態の多様化に対応し，適切かつ効果的な指導が行われるようにする」と提言されました。これを受けて，1999（平成11）年告示の「盲学校，聾学校及び養護学校学習指導要領」等では次のような改訂が行われました（文部省，2000）。

①名称を養護・訓練から自立活動へ

養護・訓練は，その名称から，教師は養護，あるいは訓練する人，子どもは養護，あるいは訓練を受ける人という誤った理解に誘導しやすいといわれていました。本来，一人ひとりの子どもの実態に応じた活動であることや自立を目指した主体的な学習活動であることから，これを一層明確にするために，養護・訓練の名称を自立活動と改めました。

②目標の見直し

目標は，「個々の児童又は生徒が自立を目指し，障害に基づく種々の困難を主体的に改善・克服するために必要な知識，技能，態度及び習慣を養い，もって心身の調和的な発達の基盤を培う」とされました。

従前の養護・訓練の目標との比較から，次の2つの見直しが行われました。一つは，新たな用語の追加です。「個々の」「自立」「主体的」がこれに該当します。上掲の一人ひとりの子どもの実態に応じた活動であ

ることや自立を目指した主体的な学習活動であることを一層明確にすることを受けたものです。もう一つは，「心身の障害の状態を改善し，又は克服する」を「障害に基づく種々の困難を主体的に改善・克服する」へと用語の使用を改めたことです。養護・訓練の本質である「障害の状態」の改善・克服とは何かを，よりわかりやすく示すものです。

　③内容の見直し

　養護・訓練の内容は，1989（平成元）年告示の「盲学校，聾学校及び養護学校学習指導要領」等により，身体の健康，心理的適応，環境の認知，運動・動作および意思の伝達の 5 つの柱のもとに 18 の項目となりました。

　1999（平成 11）年の改訂では，これまでの「柱」を新たに「区分」として次のように見直されました。「身体の健康」は「健康の保持」に，「心理的適応」は「心理的な安定」に，「環境の認知」は「環境の把握」に，「運動・動作」は「身体の動き」に，そして「意思の伝達」は「コミュニケーション」にそれぞれ改められました。わかりやすい用語を使い，子どもの主体的な学習活動であることをより明確に示す工夫を行ったのです。各区分の項目は，「健康の保持」，「心理的な安定」，「環境の把握」では，それぞれそれまで 3 つであったものを 4 つに，「身体の動き」ではそれまでと同じ 5 つに，「コミュニケーション」では 4 つであったものを 5 つにしました。5 つの区分に 22 項目となりました。なお，「区分」は，人間としての基本的な行動を遂行するために必要な要素と，障害に基づく種々の困難を改善・克服するために必要な要素とされました。

　④個別の指導計画の作成の義務づけ

　小学部・中学部学習指導要領第 5 章第 3 の指導計画の作成と内容の取扱いでは，「自立活動の指導に当たっては，個々の児童又は生徒の障害

の状態や発達段階等の的確な把握に基づき，指導の目標及び指導内容を明確にし，個別の指導計画を作成するものとする」とされました。子ども一人ひとりの実態に基づいた個別の指導計画の作成の義務づけを規定したものです。個別の指導計画の様式は，それぞれの学校が子どもの障害の状態や発達段階等を考慮して指導上最も効果が上がるように考えるべきものとして，国としては示さないとされました。

　指導内容の設定に至る個別の指導計画の作成の手続きとして，「第2に示す内容の中からそれぞれに必要とする項目を選定し，それらを相互に関連付け，特に次の事項に留意して，具体的に指導内容を設定するものとする」とされました。個別の指導計画作成過程において区分と項目が重要な役割を担っていることがわかります。

2）自立活動の改訂

① 2009（平成21）年告示の特別支援学校学習指導要領等における改訂

　2007（平成19）年度から特別支援教育制度は始動しました。このことに対応した教育課程の基準を改善するために，中央教育審議会では審議を重ね，2008（平成20）年1月に「幼稚園，小学校，中学校，高等学校及び特別支援学校の学習指導要領等の改善について（答申）」を取りまとめました。特別支援教育では，「①社会の変化や子どもの障害の重度・重複化，多様化，②複数の障害種別に対応した教育を行うことのできる特別支援学校制度の創設，③幼稚園，小学校，中学校及び高等学校等における特別支援教育の制度化などに対応し，障害のある子ども一人一人の教育的ニーズに対応した適切な教育や必要な支援を行う観点から，教育課程の基準の改善を図る」とされました（文部科学省，2008）。このような改善の基本方針を受けて，自立活動に関しては，具体的には次の事項について検討が行われました。

　第一は，特別支援学校学習指導要領等の改訂に関わることです。ま

ず，学校教育法における特別支援学校の目的の改正をふまえて，自立活動の目標はこれまでの「障害に基づく種々の困難」を，「障害による学習上又は生活上の困難」としました。次に，社会の変化や子どもの障害の重度・重複化，自閉症，LD，ADHD 等も含む多様な障害に応じた適切な指導を一層充実させるために，他者とのかかわり，他者の意図や感情の理解，自己理解と行動の調整，集団への参加，感覚や認知の特性への対応などに関することを内容の項目に盛り込むこととされました。これまで自立活動の内容が，5 区分に 22 項目であったものを，新たな項目を加えて項目の検討，修正を行いました。最終的には，新たに「人間関係の形成」を加えた 6 区分 26 項目となりました。

　第二は，小学校学習指導要領等の改訂に関わることです。答申では，小・中学校における特別支援学級や通級による指導に係る特別の教育課程[3]の編成において，特別支援学校小学部・中学部学習指導要領に定める事項を受け入れた教育課程の編成ができることを明確にしました。個々の子どもの実態に応じた指導を行うために，個別の指導計画の作成に努めることや個別の教育支援計画の策定，活用することを掲げました。また，通常の学級においては約 6% 程度の割合で LD や ADHD 等の子どもが在籍している可能性があること[4]から，これらの子どもの指導での障害の状態や特性を理解し，各教科等における適切な指導を充実するために，必要に応じて個別の指導計画の作成や個別の教育支援計画の策定を行うことや，特別支援学校に新たに付与されたセンター的機能を活用した指導，支援の充実を図ることとされました。

　② 2017（平成 29）年告示の特別支援学校学習指導要領等における改訂
　2016（平成 28）年 12 月 21 日，中央教育審議会は「幼稚園，小学校，中学校，高等学校及び特別支援学校の学習指導要領等の改善及び必要な方策等について（答申）」を取りまとめました。この改訂では，自立活

動に係る規定の整備はどのように行われたでしょうか。2017（平成29）
年3月に告示された小学校学習指導要領と，同年4月に告示された特別
支援学校小学部・中学部学習指導要領を例に整理してみましょう。

　まずは，小学校学習指導要領における自立活動に関わる規定について
です。小学校学習指導要領第1章総則の「第4　児童の発達の支援」の
2として，「特別な配慮を必要とする児童への指導」を掲げました。そ
の冒頭で，アからエまでの4つから構成された「障害のある児童などへ
の指導」を取り上げています*5)。

　アでは，障害のある子どもの指導にあたり，特別支援学校等の助言，
援助を活用して，個々の子どもの状態等に応じた指導内容や指導方法の
工夫を組織的，計画的に行うものとしています。学校教育法第74条に
規定された地域における特別支援学校のセンター的機能に改めて着目す
るものです。イでは，特別支援学級における特別の教育課程の編成につ
いて言及し，特別支援学校小学部・中学部学習指導要領第7章に示す自
立活動を取り入れることとしました。ウでは，通級による指導において
特別の教育課程を編成する場合，特別支援学校小学部・中学部学習指導
要領第7章に示す自立活動の内容を参考とし，具体的な目標や内容を定
め，指導を行うものとされました。エでは，障害のある子どもについて
は，関係機関との連携のもと，長期的な視点で子どもへの教育的支援を
行うために，個別の教育支援計画の作成，活用を行うとともに，各教科
等の指導にあたり，個々の子どもの実態を的確に把握し，個別の指導計
画を作成し活用に努めるものとされました。自立活動，個別の指導計画
等の用語を明示したことは，この改訂の大きな特徴と指摘できます。

　次に，特別支援学校小学部・中学部学習指導要領における関係の規定
についてです。目標と内容の6区分は従前と変わりません。健康の保持の
項目(4)が新設されたほかに，環境の把握の項目(2)，(4)を修正しまし

た(資料編参照)。新設された項目を加えて,6区分27項目となりました。

　今改訂では,第7章自立活動の第3を「個別の指導計画の作成と内容の取扱い」と改めました。小学校学習指導要領等の改訂により,障害のある子どもの指導に当たっては,特別支援学校小学部・中学部学習指導要領等の自立活動を取り入れる,あるいは参考とすること,その際に個別の指導計画の作成と活用を行うこととされました。特別支援学校小学部・中学部学習指導要領等では,小学校等の教師にとっても自立活動が障害のある子どもの指導上,理解すべき事項となったことから,改めて個別の指導計画の作成の意義とその手順などを明確にするよう改訂されたものです。また,実態把握から指導内容の設定まで作成過程をより明確に説明できるようにするために,実態の把握に続き,新たに「指導すべき課題」の概念を導入しました。

2.　自立活動の指導の具体化と留意すべき事項

(1)　自立活動における授業のデザイン・実施・評価改善のプロセス

　すでに述べたように,学習指導要領等においてはあらかじめ自立活動の指導目標,指導内容が示されていません。個々の子どもの障害の状態等を把握し,課題を明確にして一人ひとりの自立活動の指導目標,指導内容を設定することになります。授業の実施に先立つ授業のデザインがとても大切な作業となるのです。自立活動の指導にあたって,個別の指導計画を作成することが義務づけられたのはこのためです。個別の指導計画は,なぜこの指導なのかの説明責任を果たすツールとなります。

　図5-1をご覧ください。はじめに,一人ひとりの子どもの実態把握が行われます。教育評価としての診断的評価に当たるものです。引き続き実態をふまえた課題の抽出,指導目標,指導内容が設定され,授業の実施に至ります。ここで重要となるのが授業での子どもの学習状況に関わ

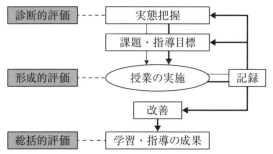

図5-1　自立活動における授業のデザイン・実施・評価改善（著者作成）

る記録です。学習状況の記録は，情報として授業のデザイン段階に
フィードバックされ，実態把握，課題等の見直しが行われます。形成的
評価に相当するものです。次に，年間の授業計画等が立案，実施され，
得られた授業の記録は授業の評価・改善に生かされることになります。
総括的評価に当たります。自立活動の授業過程では，その特徴から教育
評価の各評価の機能が関わり，個別の指導計画の作成と修正が繰り返さ
れます。

（2）　自立活動の時間における指導と各教科等との関連
1）　自立活動の指導の充実

　特別支援学校小学部・中学部学習指導要領第1章の総則に，「学校に
おける自立活動の指導は，障害による学習上又は生活上の困難を改善・
克服し，自立し社会参加する資質を養うため，自立活動の時間はもとよ
り，学校の教育活動全体を通じて適切に行うものとする。特に，自立活
動の時間における指導は，各教科，道徳科，外国語活動，総合的な学習
の時間及び特別活動と密接な関連を保ち，個々の児童又は生徒の障害の
状態や特性及び心身の発達の段階等を的確に把握して，適切な指導計画

の下に行うよう配慮すること」が規定されています。自立活動の時間における指導（以下，時間の指導）は，各教科等との密接な関連を保つことにより学校教育活動全体を通じた自立活動の指導となることを示すものです。今回の改訂では，「自立活動の時間はもとより」を加え，学校の教育活動全体を通じた指導である自立活動の指導において，改めて時間の指導が核となること，そして各教科等との関連を図ることによる自立活動の指導の充実を確認しました。

2) 担当教師間の連携

2018（平成 30）年度から高等学校等においても導入されることとなった通級による指導は，原則，特別支援学校学習指導要領等に規定される自立活動に相当する指導となります。小学校学習指導要領総則では，「効果的な指導が行われるよう，各教科等と通級による指導との関連を図るなど，教師間の連携に努めるものとする」とされました。時間の指導と各教科等との関連を図る上で，関係教師間の連携が欠かせないとの認識に立つものです。自立活動の授業デザイン・実施・評価改善の各過程における関係教師間の連携を可能とする学校全体の指導体制の構築が求められます。

3. 自立活動の専門性の確保

1) 自立活動において求められる専門性

専門性の議論では，授業の実施段階での知識，技能等の指導力が注目されます。自立活動の指導では，領域の特徴から，これに加えて授業のデザインに関わる専門性も着目しなければなりません。

ここでは，自立活動の専門性について，次のように捉えます。一つは，自立活動の授業実施段階における教師個人に求められる知識，技能等です。たとえば，教師が子どもの身体の動きを的確に分析把握し，個

別指導として展開する指導方法を有することなどが該当します。教師個人に専門性を帰属させることから個人モデルとします。もう一つは，教師間あるいは関係の専門家等との連携，協働に基づく知識，技能等です。個別の指導計画の作成，あるいはティーム・ティーチングにおける教師間の協働や，医療的ケアにおける看護師等との協働などが該当します。これを個人モデルと分けて，協働モデルとします（安藤・内海，2018）。2つのモデルは，特別支援教育の充実に不可欠な専門性となっています。

2) 専門性の育成における現職研修の充実

　ここでは，教師の専門性について，特別支援学校教諭免許状と現職研修との関連から述べます。

①特別支援学校教諭免許状の保有状況

　特別支援学校に関しては，教育職員免許法第3条第3項において特別支援学校教諭免許状のほかに，各部に相当する学校の教諭免許状（以下，基礎免許状）を有することとされます。しかし，教育職員免許法附則の規定により，当分の間，基礎免許状を有していれば，特別支援学校教師になることができるとされてきました。2017（平成29）年度における特別支援学校教師の特別支援学校教諭免許状の保有率は，77.7%にとどまっています。同年度の小学校，中学校の特別支援学級担任教師の特別支援学校教諭免許状の保有率は30.7%で，過去10年間の割合はほぼ横ばい状態です（文部科学省，2018）。特別支援学校教諭免許状の保有率のさらなる向上が期待されます。

　特別支援学校教諭免許状の取得は，大きく養成段階と現職段階とに分けられます。前者は大学等での教職課程の履修により一種免許状等を取得するものです。後者は採用後の現職段階での二種免許状等を取得するものです[6)]。新規採用者の保有率が低迷する中で，後者は保有率の向上

に一定の貢献をしています。今後は，自立活動の専門性を確保する特別
支援学校教諭免許状の在り方の議論が期待されます。

　②現職研修の役割と充実

　自立活動の専門性の確保は，関係免許状の取得に加え，現職研修の充
実が欠かせません。特別支援教育に携わる教師であれば，必ず自立活動
の指導に関わることになります。自立活動の指導を担当する教師は，個
性的な子どもと接する中で，自らが何を身に付けなければならないのか
の課題を感じ取ります。授業のデザイン段階では，たとえば個別の指導
計画作成における同僚教師との協働に関わることを，実施段階では，た
とえば身体の動きやコミュニケーションの指導の方法に関わることを，
そして評価改善段階では記録の取り方や活用方法を指摘でき，その課題
は多岐にわたります。このような現場で直面する課題を，当事者が個人
あるいは同僚教師等との協働により解決することこそが，自立活動に関
わる専門性の育成につながるといえます。

　今日，現職研修は，学校内外において活発に実施されているところで
すが，課題によって対象者，形態等を工夫し，研修の効果を高めること
が求められます（内海・安藤，2018）。

注》

*1）1971（昭和 46）年 3 月の学習指導要領は，盲学校，聾学校，養護学校（精神薄
　　弱教育，肢体不自由教育，病弱教育）の障害種別に告示されました。本稿では，
　　表記の複雑化を避けるために障害種別ではなく，特殊教育諸学校学習指導要領と
　　表記します。

*2）文部省（1994）が刊行した「肢体不自由児の養護・訓練の指導」では，WHO
　　（世界保健機関）が 1980 年に採択した ICIDH（International Classification of Im-
　　pairments, Disabilities and Handicaps；国際障害分類）を用いて，「障害の改善」

が impairment とすれば，「障害の状態の改善」は主に disability を扱うことになるとしています。

*3) 特別支援学級の教育課程については，特に必要がある場合については，特別の教育課程によることができるとされています（学校教育法施行規則第138条）。また，通級による指導においても同じく特別の教育課程によることができます（同規則第140条）。小学校に設置された特別支援学級や通級指導教室は，小学校学習指導要領に基づいて教育課程の編成を行うこととなりますが，障害がある子どもの指導において小学校学習指導要領に基づいた教育課程をそのまま適用することが必ずしも適切でない場合があります。こういった場合は，特別の教育課程を編成できるとするもので，特別支援学校小学部・中学部学習指導要領を参考にすることになります。特別の教育課程で編成する場合，自立活動の指導を行うことができます。

*4) 2002（平成14）年2月から文部科学省が実施した「通常の学級に在籍する特別な教育的支援を必要とする児童生徒に関する全国実態調査」によれば，知的発達に遅れはないものの，学習面か行動面で著しい困難を示すと小・中学校の担任教師等が判断した子どもの割合は6.3％でした。

*5) 特別な配慮を必要とする児童としては，(1) 障害などのある児童，のほかに，(2) 海外から帰国した児童や日本語の習得に困難のある児童，(3) 不登校児童が挙げられています。

*6) 代表的な制度として，教育職員検定があります。①小学校等の普通教諭免許状を有すること，②3年の教職経験があること，③関連する科目を6単位修得することで，特別支援学校教諭二種免許状を得ることができます。

参考文献

・安藤隆男・内海友加利「教師の専門性と研修」小林秀之・米田宏樹・安藤隆男編著『特別支援教育：共生社会の実現に向けて』，pp.179-190，ミネルヴァ書房，2018
・中央教育審議会「幼稚園，小学校，中学校，高等学校及び特別支援学校の学習指導要領等の改善について（答申）」，2008

・文部省「肢体不自由児の養護・訓練の指導」，1994
・文部省「盲学校，聾学校及び養護学校学習指導要領（平成 11 年 3 月）解説―自立活動―（幼稚部・小学部・中学部・高等部）」，2000
・文部科学省「特別支援教育資料（平成 29 年度）」，2018
・文部科学省「特別支援学校教育要領・学習指導要領解説　自立活動編（幼稚部・小学部・中学部）」，2018
・文部科学省「改訂第 3 版　障害に応じた通級による指導の手引き―解説と Q & A ―」，海文堂，2018
・内海友加利・安藤隆男「肢体不自由特別支援学校における初任者研修の実施状況の特徴―教育センターによる初任者研修プログラムとの比較から―」，障害科学研究，第 41 巻，pp.151-162，2018

〈演習問題〉

　小学校学習指導要領等の改訂により，小学校等の特別支援教育において自立活動が積極的に取り入れられることになりました。自立活動は小学校等の特別支援教育の充実を図る上で，どのような役割を果たすことが求められるかについて述べなさい。

〈解答例〉

　わが国においては，インクルーシブ教育システムを構築，展開するにあたり，特別支援教育の充実が不可欠であるとされました。インクルーシブ教育の理念が広く流布する現在，小学校等において学ぶ障害のある子どもは増加の一途をたどっています。これは，拡大する就学者の指導の質をどのように確保するのかについての課題といえます。自立活動は，これまで特別支援学校において独自の領域として機能してきたことや，指導の具体化の過程で専門性を培ってきたことなどから，小学校等における特別支援教育の指導の充実に資することが期待されたものと考えられます。

6 | 特別支援学校の教育の現状と課題

安藤　隆男

《**目標＆ポイント**》　特別支援学校の成立までの系譜を概観し，特別支援学校の教育に関わる現状と課題を理解する。

《**キーワード**》　公立養護学校整備特別措置法，在籍者の障害の重度・重複化，教育課程の基準と編成，センター的機能

1. 特別支援学校の成立までの系譜

（1）　盲学校，聾学校の義務化と学習指導要領の制定

　1923（大正 12）年の盲学校及聾唖（ろうあ）学校令により，道府県は盲・聾唖学校の設置を義務づけられました。

　1946（昭和 21）年 11 月に日本国憲法の公布に続き，1947（昭和 22）年には教育基本法，学校教育法が成立し，戦後の疲弊した国家財政のもとで，新たな学校教育制度の改革が着手されたのです。

　学校教育法第 1 条では，小学校などと並び，盲学校，聾学校，養護学校は一条校として位置づけられました。すでに，設置が進んでいた盲学校，聾学校は，1948（昭和 23）年度から学年進行で就学が義務づけられ，1956（昭和 31）年度には 9 年の義務化が完成しました。

　これを受けて，1957（昭和 32）年 3 月，盲学校，聾学校では初めての学習指導要領である，盲学校小学部・中学部学習指導要領一般編，ろう学校小学部・中学部学習指導要領一般編が制定されました（事務次官通達）。

（2）　養護学校の整備と義務制の施行

1）養護学校の整備と学習指導要領の制定

　養護学校の名称は，1947（昭和 22）年に公布された学校教育法の第 1 条において示されました。盲学校，聾学校はすでに道府県に設置されていましたが，養護学校は存在していませんでした。公立の小・中学校等は義務教育の学校であり，設置にあたり財政上の援助を国から受けることができました。義務制未施行の養護学校は，都道府県にとって任意設置であり，これを設置する場合は建設，経営に係る経費はすべて地方公共団体の負担となります。1949（昭和 24）年度に私立の養護学校が初めて設置されましたが，1955（昭和 30）年度に至ってもその数は 5 校にとどまっていました。財政上の理由があったからと考えられます。このため東京都では，肢体不自由児の学校を都立光明小・中学校，1950（昭和 25）年に開校した知的障害児の学校を都立青鳥中学校として，養護学校の名称を冠することを控えていました。大阪市立思斉小・中学校（知的障害），神戸市立友生小学校（肢体不自由）なども同じ理由といえます。養護学校が本格的に設置されるようになるのは，昭和 30 年代以降となります。

①公立養護学校整備特別措置法の公布

　1956（昭和 31）年 6 月，公立養護学校整備特別措置法が公布され，翌年 4 月から施行されました。この法律の成立により，養護学校の建物の建築費，教職員の給与費，教材費などは，公立義務教育学校と同様に，国庫による負担，補助が受けられるようになりました。財政的な裏付けとなる法律の施行により，都道府県は，これ以降養護学校の設置に着手することとなりました[*1)]。

　図 6-1 は 1948（昭和 23）年度から特殊教育制度の最後の年である 2006（平成 18）年度までのおよそ 60 年間における盲学校，聾学校，養

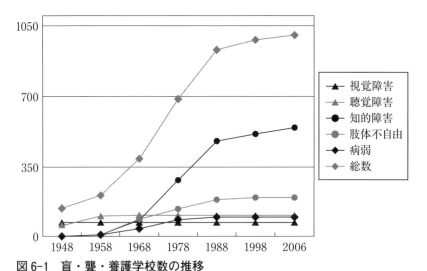

図 6-1　盲・聾・養護学校数の推移
出所：文科省特殊教育資料に基づき著者作成。

護学校の設置数の推移を表したものです。この図からはいくつかの特徴
を読み取ることができます。

　まずは，盲学校と聾学校の数に大きな変動がないことです。聾学校こ
そ昭和 20 年代に 50％あまりの増加をみたものの，それ以降の変化はほ
とんどありません。盲学校は全年代を通して変化はないといえます。こ
れに対して，養護学校は公立養護学校整備特別措置法が施行された
1957（昭和 32）年度以降急速に設置が進みました。同年の養護学校は
19 校でしたが，養護学校教育の義務制が実施される前年の 1978（昭和
53）年には 502 校（知的障害 282 校，肢体不自由 139 校，病弱 81 校）
を数え，知的障害養護学校と肢体不自由養護学校は，特別支援教育制度
への転換の前年まで増加しています。

②養護学校学習指導要領の制定

　急速に養護学校の整備が進む中で，就学する児童生徒の数も一気に増えることになりました。その結果，多様な児童生徒に対して，各学校における授業の名称や内容などに違いが生じることとなり，教育課程の基準となる学習指導要領の制定が必要となりました。

　1963（昭和38）年，養護学校小学部・中学部学習指導要領精神薄弱教育編，養護学校小学部学習指導要領肢体不自由教育編および養護学校小学部学習指導要領病弱教育編がそれぞれ文部事務次官通達により定められました。1964（昭和39）年には，養護学校中学部学習指導要領肢体不自由教育編および養護学校中学部学習指導要領病弱教育編が文部事務次官通達により定められました。

2）養護学校教育義務制の実施

　養護学校教育の義務制実施は，戦後の特殊教育制度の整備上，重要な課題であり，特殊教育関係者からも早期の実現が強く望まれていました。文部省は1972（昭和47）年度を初年度とする養護学校整備7年計画を策定し，1978（昭和53）年度までに，養護学校の対象となるすべての学齢児童生徒を就学させるために必要な養護学校243校を新たに設置するための施策を講じました。1979（昭和54）年4月1日から養護学校における就学義務および養護学校の設置義務を実現する旨の予告として，1973（昭和48）年11月に，「学校教育法中養護学校における就学義務及び養護学校の設置義務に関する部分の施行期日を定める政令」（政令339号）が公布されました[*2]。

2．特別支援学校の設置と在籍状況

（1）　特別支援学校の設置状況

　戦後の特殊教育制度では，基本的に単一障害を前提として学校の設置

84

表 6-1　特別支援学校，学級および在籍者の数

	学校数	学級数	在籍幼児児童生徒数				
			計	幼稚部	小学部	中学部	高等部
総計	1,135	35,719	141,944	1,440	41,107	30,695	68,702
小計（単一障害校）	880	24,612	101,164	1,309	28,486	21,531	49,838
視覚障害	62	1,132	2,633	174	518	469	1,472
聴覚障害	86	1,767	5,546	1,036	1,819	1,148	1,543
知的障害	553	16,898	80,528	74	20,853	16,559	43,042
肢体不自由	122	3,886	10,221	25	4,512	2,609	3,073
病弱	57	923	2,236	0	782	746	708
小計（複数障害校）	255	11,107	40,780	131	12,621	9,164	18,864
知的・肢体	147	6,760	26,301	10	7,945	5,701	12,645
肢体・病弱	30	1,185	3,066	10	1,322	807	927
知的・肢体・病弱	29	1,263	4,611	0	1,287	1,060	2,264
知的・病弱	14	588	2,289	0	726	575	988
視覚・聴覚・知的・肢体・病弱	14	520	1,783	11	488	431	853
聴覚・知的	10	241	884	59	234	173	418

(2017（平成 29）年 5 月 1 日現在)

出所：文科省特別支援教育資料（平成 29 年度）
　　　（複数障害校は多い順に 6 つの組合せを例示）

を進めてきました。養護学校教育の義務制は，幼児児童生徒の障害の重度・重複化を顕在化させることとなり，このことへの対応が大きな課題となっていました。そのような中で，特別支援教育制度への転換にあたり，特別支援学校は複数の障害領域を置くことが可能となりました。

　ここでは，特別支援学校の設置状況を概観します。

　特別支援教育資料（平成 29 年度）によれば，特別支援学校 1,135 校のうち，単一の障害領域を置く学校（以下，単置校）は 880 校であったのに対して，複数の障害領域を置く学校（以下，併置校）は全体の 22.5％となる 255 校でした。内訳は，知的障害・肢体不自由の併置校 147 校（57.6％），肢体不自由・病弱の併置校 30 校（11.8％），知的障害・肢体不自由・病弱の併置校 29 校（11.4％）などです（**表 6-1**）。養

護学校の対象であった知的障害，肢体不自由，病弱，とりわけ肢体不自由を含む組合せが多いことがわかります。

　併置校の増加に伴って，知的障害を除いた単置校は，相対的に減少傾向にあります。単置校と併置校を合わせると，各障害領域を置く特別支援学校の数は増加しており，障害のある子どもにとって，居住地の近くで専門的な教育を受ける機会の拡大につながることになります。

（2）　幼児児童生徒の在籍状況と障害の実態

1)　在籍状況

　表 6-1 によると，特別支援学校の全幼児児童生徒数は 141,944 人でした。内訳は単置校の 101,164 人（71.3%），併置校の 40,780 人（28.7%）となります。

　特別支援学校に設置される各部の幼児児童生徒数は，幼稚部 1,440 人（1.0%），小学部 41,107 人（29.0%），中学部 30,695 人（21.6%），高等部 68,702 人（48.4%）です。高等部在籍者の割合がもっとも高く，半数近くであることがわかります。これは障害がある生徒の義務教育終了後の就学先として，特別支援学校高等部が位置づいていることを示唆しています。

2)　在籍者の障害の実態

　在籍幼児児童生徒の障害の実態については，まず障害の重複化を挙げることができます。特別支援学校小・中学部における重複障害学級に在籍する児童生徒の全在籍者に占める割合は，特別支援教育制度が実施された 2007（平成 19）年度で 42.5% でしたが，2017（平成 29）年度は 35.9% でした（文部科学省，2018b）。過去 10 年間の資料（文部科学省，2018b）から，その割合はやや減少傾向にあるものの，全体の 3 分の 1 を占めている[*3)]ことから，今後も引き続き，重複障害者の教育の充

実が課題となるといえます。

　また，障害の重複化は，障害の重度化あるいは多様化につながります。たとえば，肢体不自由特別支援学校では，在籍者の多くを脳性まひ（cerebral palsy）を含む脳性疾患で占められるため，脳の損傷の部位や広がりによって運動障害のほかに知的障害，言語障害，視覚・聴覚の障害，てんかん，認知や知覚の障害を随伴することになります。遠城寺式乳幼児分析的発達検査等の結果からは，その多くが運動，社会性，言語の各領域においてすべて1歳段階に満たないと診断されます。いわゆる重度・重複障害児といわれる子どもたちです。また，発達障害がある子どものうち，小学校等での学習や生活上の困難さに加え，二次的な課題を抱えることがあります。このため，病院への通入院により，病弱特別支援学校で学ぶ事例も少なくありません。

　障害の重度・重複化は，医療的ケアを必要とする子どもの存在をクローズアップさせました。文部科学省による2017（平成29）年度の調査によれば，特別支援学校在籍者のうち，医療的ケアを必要とする者は6.0％でした。小学部ではその割合がもっとも高く10.1％で，幼稚部，高等部はともに3.1％でした。学校種別では肢体不自由特別支援学校に該当する者が多いのも特徴です。看護師配置が進む中，医師，看護師，保護者との連携に基づく医療的ケアの実施とこれに伴う効果的な学習につながる指導体制等の整備が求められています。

（3）　特別支援学校の地域におけるセンター的機能
1）　センター的機能とは

　特別支援教育に関するセンター的機能は，2005（平成17）年12月の中央教育審議会答申「特別支援教育を推進するための制度の在り方について」において，①小・中学校等の教員への支援機能，②特別支援教育

等に関する相談・情報提供機能，③障害のある幼児児童生徒への指導・支援機能，④福祉，医療，労働等の関係機関等との連絡・調整機能，⑤小・中学校等の教員に対する研修協力機能，⑥障害のある幼児児童生徒への施設設備等の提供機能，を挙げています。

　特別支援学校は，学校教育法第72条の目的を実現する教育を行うほか，学校教育法第74条の規定にあるように，地域の小学校等の要請に応じて障害のある子どもの教育に関して助言，援助を行うよう努めることとされました。特別支援学校は，新たに地域の特別支援教育のセンター的機能を果たす役割を付与されたのです。

　インクルーシブ教育の理念が広がる現在，小・中学校等における障害のある子どもの顕著な増加に伴って，地域におけるセンター的機能に対するニーズはますます高まっています。このことから，2017（平成29）年3月告示の小学校学習指導要領等では，改めて特別支援学校等の助言または援助を活用することを明記するとともに，同年4月告示の特別支援学校小学部・中学部学習指導要領等においても，各学校の教師の専門性や施設・設備を生かした地域における特別支援教育のセンターとしての役割を果たすよう努めることと明記されました。

2）センター的機能の取組状況

　文部科学省は，特別支援学校のセンター的機能の取組状況を把握し，今後の特別支援教育の推進に必要な基礎的資料を得ることを目的に，平成27年度特別支援学校のセンター的機能の取組に関する状況調査を実施しました（文部科学省，2018b）。

　センター的機能の取組状況について，特別支援学校の校内体制の整備等の基本情報と，2005（平成17）年12月の中央教育審議会答申「特別支援教育を推進するための制度の在り方について」で挙げられた機能のいくつかに着目して整理します。なお，ここでは，調査対象校のうち，

公立特別支援学校 947 校のデータを取り上げます[*4)]。

　第一は，特別支援学校のセンター的機能の取組みを支える校内外における体制整備，連携についてです。

　校内体制の整備として，「センター的機能を主として担当する分掌・組織を設けている」と回答した学校は 93.1%，「都道府県等から指導助言を受けたり，必要な情報を得ている」は 87.0%，「他の特別支援学校と連絡調整を行っている」は 93.2% でした。いずれも 80% を超える高い取組みとなっています。

　第二は各機能の取組みです。

①小・中学校等の教師への支援機能

　小・中学校等の教員からの相談件数は，1 校当たり平均 153.2 件でした。過去数年では増加傾向にあります。校種別では，小学校教師がもっとも多く 47.7% を占めていました。幼稚園教師 21.2%，中学校教師 18.8% と続き，高等学校教師は 4.6% にとどまりました。相談者別では特別支援学級担任，通常の学級担任，特別支援教育コーディネーターが多く，相談内容で多かったのは指導・支援，障害の状態等の実態把握・評価等に続き，就学や転学等に係る相談・助言でした。いずれも調査対象校の 80% を超える学校が対応したものです。

②特別支援教育等に関する相談・情報提供機能

　子どもおよび保護者からの相談件数は，1 校当たり平均 140.5 件でした。小・中学校等の教師からの相談に比べ，やや少ない件数です。相談内容としては，就学や転学等に係る相談・助言がもっとも多い状況でした。

③障害のある幼児児童生徒への指導・支援機能

　子どもへの直接的な指導は，35% の学校が実施していました。学校に来校してもらい教育課程外で行う個別指導の実施がもっとも多い形態で

した。

　④小・中学校等の教員に対する研修協力機能

　実施した研修の延べ件数は，1校当たり平均11.2件でした。学校や地域で特別支援教育に関する研修会の開催，小・中学校等の校内研修会の講師として参画する形態が80％前後の学校で取り組まれていました。

　最後にセンター的機能を実施する上で，特に課題とされた事項は次のとおりです。一つは，地域の相談ニーズに応えるための人材を校内で確保することです。もう一つは，多様な障害に対応する教師の専門性を確保することです。特別支援教育制度成立から10年近く経過した段階での調査でしたので，特別支援学校では，センター的機能を担う上での校内体制の整備，関係の機関・学校との連携が図られており，地域における特別支援教育のセンター的機能に係る実績をあげていることがわかります。その一方で，このことを担う人材の確保や多様なニーズに応えるための専門性の確保が課題となっています。

3. 特別支援学校における教育課程の編成

（1）　教育課程の編成の考え方

1）教育課程の定義

　教育課程とは，特別支援学校教育要領・学習指導要領解説総則編（幼稚部・小学部・中学部）によれば，「学校教育の目的や目標を達成するために，教育の内容を児童生徒の心身の発達に応じ，授業時数との関連において総合的に組織した各学校の教育計画である」と定義されています（文部科学省，2018a）。

2）教育課程の基準

　特別支援学校における教育は，関係法令をはじめとして，教育課程の基準としての学習指導要領等により具体化されることになります。関係

法令としては，日本国憲法，教育基本法，学校教育法，同施行令，同施行規則などを挙げることができます。学習指導要領は学校教育法施行規則第129条をもって教育課程の基準として位置づけられるものであり，法的な拘束力を有すと判断されます。

（2） 教育課程の編成

教育課程の編成にあたり，上記の定義において，学校教育の目的や目標，教育の内容，授業時数の3つの要素に注目できます。

1） 学校教育の目的と目標

各学校は，教育課程の編成の主体として，学校教育の目的や目標をふまえた学校の教育目標を設定しなければなりません。そのためには，特別支援学校の目的を規定した学校教育法第72条と，教育目標を規定した特別支援学校学習指導要領等総則の教育目標を理解しておく必要があります。

2） 教育内容の組織化

このことに関する規定は，主に学校教育法施行規則（以下，規則）と特別支援学校学習指導要領等に示されています。規則第126条から128条では，それぞれ小学部，中学部，高等部の教育課程の編成について規定しています。規則第130条では，第1項で各教科や科目の全部または一部を合わせた授業を，第2項で知的障害のある者等については各教科等を合わせた授業をそれぞれ行うことができると規定しています。

学習指導要領では，特別支援学校小学部・中学部学習指導要領総則第8節として「重複障害者等に関する教育課程の取扱い」があります。重複障害のみならず，個々の子どもの多様な実態に応じて，弾力的な教育課程の編成ができるよう規定が整備されています。

3）授業時数の配当

　授業時数については，特別支援学校小学部・中学部学習指導要領総則第 3 節に授業時数等の取扱いがあります。

　詳しくは，第 4 章特別支援教育の教育課程を参考ください。

4．特別支援学校における教育の課題

（1）　子どもの障害の重度・重複化等に対応した教育課程の編成と改善

　特別支援学校に在籍する重複障害者の割合は，2017（平成 29）年現在で，小・中学部では 35.9％でした。過去 20 年，義務教育段階での重複障害者の割合は 40％前後を推移してきており，今後も重複障害者は一定の割合を占めるものと考えられます。

　各学校は，多様な障害の状態等にある子どもの主体的で，継続的な学習を具現するために，弾力的な教育課程を編成することになります。教師は，計画された教育課程のもと，個別の指導計画の作成による授業のデザイン，実施，評価・改善を行います。各学校は，組織としてその成果と課題を教育課程の改善につなげるというカリキュラム・マネジメントの考え方が大切であるといわれています。

（2）　センター的機能の充実

　特別支援学校は，これまでセンター的機能の取組みを充実するために，校内体制を整備し，関係機関との連携を図ってきました。地域の幼稚園・小学校・中学校の教師はもとより，子どもや保護者への相談・助言は実績を確実に伸ばしています。一方で，取組みの実績に偏りを指摘できます。一つは，高等学校における取組実績であり，もう一つは，比較的少数の障害のある子どもへの取組実績です。いずれも取組実績が低

い状況にあります。このことは，多様な障害に対応する教師の専門性の確保として課題にあげられていたとおりです。特別支援学校では，校内での人材確保の困難さも指摘されているところであり，これまでの教師個人の有する専門性に加え，校内体制の工夫などによる複数教師の協働に基づく取組みとそのことによる人材育成を推進することが期待されます。

（3）　教師の専門性の確保─特に自立活動の指導に注目して─

　特別支援学校は就学する子どもと地域の小学校等に学ぶ障害がある子どもの多様な教育的ニーズに対応するために，教師の専門性の確保が不可欠となります。

　2017（平成 29）年 3 月告示の小学校学習指導要領等では，障害のある子どもの急激な増加に対応して，その指導の質を確保するために，自立活動を取り入れることなどの規定を整備しました。今後，小学校等における特別支援教育の充実のために，自立活動とはどのような理念を有する指導領域なのかのさらなる理解と，個別の指導計画作成による授業のデザイン，実施，評価改善のプロセスの具体化の手続き，展開が課題となってきます。

　特別支援学校では，養護・訓練の成立以降，今日までおよそ半世紀にわたり，養護・訓練および自立活動の指導に取り組んできました。これまで培ってきた専門性とは何かを整理するとともに，新たな時代に求められる専門性の育成に努めなければなりません。センター的機能を担う教師だけでなく，自立活動の指導を担当するすべての教師のこのことの自覚と教室での実践の積み上げに期待するものです。

注》

*1）建物（校舎，屋内運動場および寄宿舎）で当該学校の小学部および中学部に係るものの新築および増築に要する経費の2分の1を国が負担するとされました。

*2）学校教育法中同法第22条第1項および第39条第1項に規定する養護学校における就学義務ならびに同法第74条に規定する養護学校の設置義務に関する部分の施行期日は，昭和54年4月1日とされました。

*3）2017（平成29）年度の特別支援学校高等部全在籍生徒のうち，重複障害学級の在籍者は17.8％でした。

*4）この調査では，公立の特別支援学校のほかに，国立，私立の特別支援学校もそれぞれ45校，13校が対象となっていました。

参考文献

・中央教育審議会「特別支援教育を推進するための制度の在り方について（答申）」，2005
・文部省『特殊教育百年史』，東洋館出版社，1978
・文部科学省「特別支援学校教育要領・学習指導要領解説総則編（幼稚部・小学部・中学部）」，2018a
・文部科学省「特別支援教育資料（平成29年度）」，2018b

〈演習問題〉

　特別支援学校における在籍幼児児童生徒の障害が重複化することへの各学校の対応について，教育課程の編成の観点から述べなさい。

〈解答例〉

　特別支援学校における幼児児童生徒の障害の重複化が指摘されて久しいです。障害の重複化は，合わせて障害の重度化，多様化も顕在化させています。そのような中で，各学校は次のような対応が求められます。教育課程の編成の主体は各学校であることから，障害の重度・重複化，多様化する子どもの教育的ニーズに即した弾力的な教育課程の編成と改善を行うことが大切です。教師は，個別の指導計画の作成と授業実践を通した個別の指導計画の修正を循環させます。各学校は，組織とし

てその成果を教育課程の改善に活かすことになります。今日，一連の手続きについて，カリキュラム・マネジメントの考え方で説明されています。

7 | 小・中学校等における特別支援教育の現状と課題

安藤　隆男

《**目標＆ポイント**》　インクルーシブ教育の思潮が広がる中で，地域の小・中学校等に就学する障害のある子どもが増えてきている。本章では，小・中学校等における特別支援教育の形態である特別支援学級と通級による指導に着目し，それぞれの制度や教育の現状と課題について概説する。
《**キーワード**》　特別支援学級，通級による指導，特別の教育課程

1. 特別支援学級の教育の現状と課題

（1）　特別支援学級とは

　特別支援学級は，障害があるために通常の学級における指導では十分に指導の効果を上げることが困難な児童生徒のために編制された学級です。一人ひとりの児童生徒に対して，適切な配慮のもとで障害による学習上または生活上の困難を克服するための教育を行います。

　学校教育法第81条第2項では，特別支援学級は小学校，中学校，義務教育学校，高等学校および中等教育学校に設置できると規定しています。その対象は，知的障害者，肢体不自由者，身体虚弱者，弱視者，難聴者，その他障害のある者で，特別支援学級において教育を行うことが適当なものです。

（2）　特別支援学級の設置

　ここでは特別支援学級の定義を受けて，その対象，編制等についてもう少し詳しく見てみましょう。

1) 対 象

特別支援学級の対象は，上述のように知的障害者，肢体不自由者，身体虚弱者，弱視者，難聴者と，「その他障害のある者」とされました。その他障害のある者とは，「障害のある児童生徒の就学について」（平成14年5月文科省初中局長通知），「「情緒障害者」を対象とする特別支援学級の名称について」（平成21年2月文科省初中局長通知）によれば，言語障害者および自閉症・情緒障害者を指します。

以上から，特別支援学級の対象は，知的障害，肢体不自由，身体虚弱，弱視，難聴，言語障害，自閉症・情緒障害の7つの障害のある者となります。

2) 設 置

学校教育法により，特別支援学級は，小学校，中学校，義務教育学校，高等学校および中等教育学校に設置できますが，現状では，小学校と中学校に設置されています。義務教育学校，高等学校および中等教育学校では設置されていません。なお，学校教育法第81条第3項では，疾病により療養中の児童および生徒に対して，特別支援学級を設け，または教員を派遣して，教育を行うことができるとされます。ぜんそくなどの健康障害の療養のために設けた健康学園[1]などがこれに該当します。

3) 特別支援学級の編制基準

「公立義務教育諸学校の学級編制及び教職員定数の標準に関する法律」（昭和33年法律116号；平成29年5月17日公布（法律第29号）改正）の第3条第2項によれば，特別支援学級の一学級の子どもの数は，小学校（義務教育学校の前期課程を含む），中学校（義務教育学校の後期課程および中等教育学校の前期課程を含む）いずれも8人を標準として，都道府県の教育委員会が定めることとなっています。2017（平成29）

年度における1学級当たりの在籍者数は，以下に述べます。

（3）　特別支援学級の設置状況と教育課程の編成

　まず，小学校，中学校における特別支援学級の設置状況等について概観してみましょう。

1）設置状況

①設置数と在籍者数の推移

　表7-1は，2017（平成29）年度における特別支援学級の学級数と児

表7-1　特別支援学級の学級数と児童生徒数（2017（平成29）年度）

障害種別	小学校		中学校		合計	
	学級数	児童数	学級数	生徒数	学級数	児童生徒数
知的障害	18,371 43.9%	77,743 46.5%	8,683 47.4%	35,289 51.7%	27,054 44.9%	113,032 48.0%
肢体不自由	2,244 5.4%	3,418 2.0%	790 4.3%	1,090 1.6%	3,034 5.0%	4,508 1.9%
病弱・身体虚弱	1,468 3.5%	2,480 1.5%	643 3.5%	1,021 1.5%	2,111 3.5%	3,501 1.5%
弱視	358 0.9%	413 0.2%	119 0.6%	134 0.2%	477 0.8%	547 0.2%
難聴	793 1.9%	1,242 0.7%	329 1.8%	470 0.7%	1,122 1.9%	1,712 0.7%
言語障害	539 1.3%	1,570 0.9%	126 0.7%	165 0.2%	665 1.1%	1,735 0.7%
自閉症・情緒障害	18,091 43.2%	80,403 48.1%	7,636 41.7%	30,049 44.0%	25,727 42.7%	110,452 46.9%
総計	41,864	167,269	18,326	68,218	60,190	235,487
担当教員数 設置学校数	44,854人 16,315校		20,093人 7,907校		64,947人 24,222校	

出所：文部科学省「特別支援教育資料（平成29年度）」

童生徒数を表したものです。なお，以下の（　）内は2006（平成18）年度のデータになります。

　2017（平成29）年度に特別支援学級を設置した小学校，中学校は，それぞれ16,315校，7,907校，合計24,222校でした。これは，小学校全体の81.2%（62.8%），中学校全体の76.6%（61.1%）に設置されていることになります。また，1学校当たりの設置学級数では，小学校2.57学級（1.74学級），中学校2.32学級（1.63学級）でした。直近の11年で小学校，中学校での特別支援学級の設置率および1学校当たりの設置学級数は，急激に増えていることがわかります。

　続いて，小学校，中学校における学級数と在籍者数を概観します。小学校の学級数は，41,864学級（24,994学級），在籍者数167,269人（73,151人）でした。中学校の学級数は18,326学級（10,952学級），在籍者数68,218人（31,393人）でした。この間の小・中学校の学級数は67.4%，在籍者数は125.3%増加したことになります。その一方で，1学級の在籍児童生徒数は，小学校で4.00人（2.93人），中学校で3.72人（2.87人）となり，1学級当たりの在籍者数も増加しています。ちなみに，2017（平成29）年度の特別支援学級担任教師は，2006（平成18）年度比で70.4%増加していました。

　②障害種別による設置の状況

　障害種別に着目して設置の状況を整理すると，いくつかの特徴を読み取ることができます。

　小学校，中学校いずれも知的障害と自閉症・情緒障害を対象とした特別支援学級がもっとも多く，小・中学校を合わせると学級数では87.6%，児童生徒数では94.9%を占めています。肢体不自由，病弱・身体虚弱，弱視，難聴，言語障害は，合わせても学級数で10%余り，児童生徒数では5%を占めるに過ぎません。1学校で複数の学級を設置

する現状を指摘しましたが，その多くは知的障害と自閉症・情緒障害との組合せであることが推察できます。

2）教育課程の編成について

　特別支援学級の教育課程は，学校教育法施行規則第 138 条に，「小学校，中学校若しくは義務教育学校又は中等教育学校の前期課程における特別支援学級に係る教育課程については，特に必要がある場合は，（中略），特別の教育課程によることができる」とされています。小・中学校の特別支援学級ですので，基本的には，当該学校の学習指導要領に沿って教育が行われますが，子どもの実態に応じて，特別支援学校の学習指導要領を参考として特別の教育課程を編成できるようになっています。

　このことについては，2017（平成 29）年 3 月に告示された小学校学習指導要領の総則においても，特別支援学校小学部・中学部学習指導要領第 7 章の自立活動を取り入れたり，各教科の目標・内容を下学年の教科の目標・内容に替えたり，各教科を知的障害者である児童に対する教育を行う特別支援学校の各教科に替えたりするなどして，実情に合った教育課程を編成することとしています。

（4）　特別支援学級における教育の課題

1）子どもの障害の重度・重複化，多様化への対応

　「平成 29 年度公立小・中学校において学校教育法施行令第 22 条の 3 に規定する障害の程度に該当し特別な教育的支援を必要とする児童生徒の数等に関する調査結果」（文部科学省，2018a）によれば，2017（平成 29）年度の小学校・特別支援学校就学予定者（新第 1 学年）として，前年度の 2016（平成 28）年度に市区町村教育支援委員会等の調査・審議の対象となった者は，54,146 人でした。そのうち，10,281 人（19.0%）

が学校教育法施行令第22条の3に該当すると判断されました。就学先は，公立特別支援学校に7,192人（70.0%），公立小学校に3,055人（29.7%）でした。学校教育法施行令第22条の3に該当する障害の重度な子どものうち，約30%の者が公立小学校に就学していることになります。

　さらに，公立小・中学校における学校教育法施行令第22条の3に該当する者は，小学校15,386人，中学校5,214人でした。学級種別に着目すると，小学校では特別支援学級に全体の90.6%に当たる13,943人が，通常の学級に9.4%の1,443人が在籍していました。中学校では，特別支援学級が87.1%，通常の学級が12.9%でした。

　以上のように，公立小・中学校の特別支援学級には，学校教育法施行令第22条の3に該当すると判断される者の在籍が一定数あることがわかります。これは，特別支援学級に在籍する児童生徒の障害の状態等の多様化を示唆するものであり，特別支援学級での弾力的な教育課程の編成や指導体制等の工夫が求められていると考えられます。

2）交流及び共同学習

　障害者基本法第16条は，障害がある子どもと障害のない子どもとの交流及び共同学習を積極的に進めることによる相互理解の促進を規定しています。小学校学習指導要領においても，交流及び共同学習は，障害のある子どもとその教育に対する障害のない子どもの正しい理解と認識を深めるための絶好の機会であり，同じ社会に生きる人間としてお互いを正しく理解し，ともに助け合い，支えあって生きることの大切さを学ぶ場として意味づけています。特別支援学級の子どもとの交流及び共同学習は，日常のさまざまな場面での活動をともにすることが可能であることから，校内の協力体制を構築した上で，効果的な活動を設定することが大切となります。

3）教師の専門性の確保

　特別支援学級における教育の質を確保する上で，担当教師には，特別支援学校教諭免許状の取得が推奨されます。比較的短期間で担当教師がかわるなどの現状から，特別支援学校教諭免許状の保有率はおよそ30％にとどまっています。今後，当該免許状の保有率の向上と合わせて，担当教師の専門性の向上に資する現職研修の充実が求められます。

4）地域の特別支援教育のネットワークの構築

　特別支援学級は，特別支援教育制度化以降，知的障害と自閉症・情緒障害を主として急激にその数を増やしていることを述べました。このことは，次の現状を指摘できます。すなわち，設置が多い障害種の特別支援学級は，地域における学校，学級，そして関係教師間のネットワークの構築が可能であり，連携の確保による人材の育成やこれに伴う指導の充実，継続性の確保が期待できます。翻って，設置の少ない障害種の特別支援学級では，そもそも関係の資源が限定されるため，担当教師は専門的な情報や支援から孤立しやすく，結果として学級での指導の充実や継続性がむずかしくなります。地域の特別支援教育のセンター的機能を担う特別支援学校等との連携，活用がとても大切になります。

2．通級による指導の現状と課題

（1）　通級による指導とは

　通級による指導とは，通常の学級に在籍する障害のある児童生徒が，各教科等の大部分の授業を通常の学級で受けながら，特別の指導を，特別の場である通級指導教室[2)]で受ける指導形態です。通級による指導では，「障害の状態がそれぞれ異なる個々の児童生徒に対し，個別指導を中心とした特別の指導をきめ細かに，かつ弾力的に提供する」ことになります（文部科学省，2018b）。

（2） 通級による指導の対象および実施形態

通級による指導の対象，実施形態等について概説します。

1) 対　象

通級による指導の対象は，学校教育法施行規則第140条に次のように規定されています。

一　言語障害者

二　自閉症者

三　情緒障害者

四　弱視者

五　難聴者

六　学習障害者

七　注意欠陥多動性障害者

八　その他障害のある者で，この条の規定により特別の教育課程による
教育を行うことが適当なもの

第八号のその他障害のある者とは，「障害のある児童生徒等に対する早期からの一貫した支援について」（25文科初第756号初中局長通知）によれば，肢体不自由者，病弱者および身体虚弱者を指します（文部科学省，2013）。

なお，知的障害者については，「生活に結びつく実際的・具体的な内容を継続して指導することが必要であることから，一定の時間のみを取り出して指導を行うことはなじまない」（文部科学省，2018b）ことから，通級による指導の対象となっていません。

2) 制度の導入と実施形態

通級による指導は，1993（平成5）年度に制度化されました。それ以降は，小学校，中学校，義務教育学校，中等教育学校の前期課程において実施できるとされてきました。2016（平成28）年3月の高等学校に

おける特別支援教育の推進に関する調査研究協力者会議の「高等学校における通級による指導の制度化及び充実方策について（報告）」では，高等学校における通級による指導の制度化が提言され，同年12月の関係法令の改正により，2018（平成30）年度から高等学校等において通級による指導が導入されました[*3)]。

　通級による指導の実施形態としては，①児童生徒が在籍する学校において指導を受ける「自校通級」，②他の学校に通級し，指導を受ける「他校通級」，③通級による指導の担当教師が該当する児童生徒のいる学校に赴き，または複数の学校を巡回して指導を行う「巡回指導」の3つがあります。

（3）　通級による指導の現状

　ここでは通級による指導の現状について，対象者数や実施形態などの現状を概説します。

表7-2　通級による指導を受ける児童生徒数

区分	2006（平成18）年		2012（平成24）年		2017（平成29）年	
	小	中	小	中	小	中
言語障害	29,527	186	32,390	284	37,134	427
自閉症	3,562	350	9,744	1,530	16,737	2,830
情緒障害	2,365	533	6,137	1,313	12,308	2,284
弱視	128	10	141	20	176	21
難聴	1,495	282	1,704	352	1,750	446
LD	1,195	156	7,714	1,636	13,351	3,194
ADHD	1,471	160	7,596	921	15,420	2,715
肢体不自由	5	1	16	1	100	24
病弱	16	6	14	6	20	9
総計	39,764	1,684	65,456	6,063	96,996	11,950

出所：文部科学省特別支援教育資料に基づき著者作成。

1) 対 象

通級による指導の対象の経年変化を**表7-2**に示しました。2017（平成29）年度の通級による指導の対象者数は，小学校で 96,996 人，中学校で 11,950 人でした。担当教師数は，小・中学校合わせて 8,361 人でしたので，教師 1 人当たり約 13 人の児童生徒を担当していることになります[*4]。2006（平成18）年度との比較では，小学校で 2.44 倍に，中学校で 7.1 倍に増加しました。言語障害は，制度化以降，一貫して対象数がもっとも多い状況となっています。その一方で，2006（平成18）年度から新たに通級による指導の対象となった LD，ADHD は，小学校での対象数が 10 倍に達するなど顕著に増加しています。自閉症，情緒障害の増加も特徴として読み取れます。第 1 章の**図1-3**からもわかるように，通常の学級では，LD，ADHD 等が 6.5％在籍するといわれていますので，今後，通級による指導の対象となると仮定すると，発達障害のある児童生徒が増加し，全体に占める割合もさらに増してくると考えられます。

2) 実施形態の状況

2017（平成29）年度の小・中学校における通級による指導の実施形態別の割合は，自校通級 53.9％，他校通級 40.0％，巡回指導 6.0％でした。対象者の数が急増する LD，ADHD，自閉症，情緒障害では，自校通級が多く，このことが全体の傾向に反映される結果となりました。これに対して，言語障害，弱視，難聴は他校通級が，肢体不自由は巡回指導がそれぞれ多い結果となりました（文部科学省，2018a）。障害種によって，実施形態の割合に差をもたらしていることがわかります。

（4）　通級による指導における教育課程

学校教育法施行規則第 140 条では，通級による指導の対象のほかに，

教育課程の編成に関わる規定が示されています。

　通常の学級に在籍する障害のある児童生徒に対して，通級による指導を行う場合は，文部科学大臣が別に定めるところにより，特別の教育課程によることができるとされています。特別の教育課程を編成するにあたっては，児童生徒の障害に応じた特別の指導を，当該学校の教育課程に加え，またはその一部に替えることができるのです（「学校教育法施行規則第 140 条の規定による特別の教育課程について定める件」（平成 5 年文部省告示第 7 号）（最終改正：平成 19 年 12 月 25 日文部科学省告示第 146 号））。障害に応じた特別の指導は，「障害による学習上又は生活上の困難を改善し，又は克服することを目的とする指導」とされていることから，通級による指導は，特別支援学校の自立活動に相当する指導となるのです。単に，各教科の遅れを補充するための指導とならないようにしなければならないのです。

　次に，障害に応じた特別の指導に係る授業時数についてです。学習障害者（LD），注意欠陥多動性障害者（ADHD）については，年間 10 単位時間から 280 単位時間までを標準としています。それ以外の対象者については，年間 35 単位時間（週あたり 1 単位時間）から 280 単位時間（週あたり 8 単位時間）までが標準とされます。いわゆる発達障害のある子どもでは，月 1 単位時間での学習の効果が期待できることから，年間 10 時間が下限とされました。授業時数の弾力化を図ったものです。学校教育法施行規則第 141 条では，児童生徒が在籍する学校以外で通級による指導を受ける他校通級の場合，在籍校の校長は他校で受けた授業を，在籍校の特別の指導の授業としてみなすことができるとされています。

　なお，2017（平成 29）年度の小・中学校での指導時間別の児童生徒数では，週 1 単位時間の指導を受ける者が全体の 53.3％，週 2 単位時間が 33.2％であり，両者を合わせると全体の 86.5％の児童生徒に達し

ます（文部科学省，2018a）。

（5）　通級による指導における教育の課題
1）複数の障害種別への対応

　文部科学省実施の平成 29 年度通級による指導実施状況調査によれば，小・中学校における複数障害種を担当する教師の割合は，71.4％となります。障害種の組合せから，2 つの特徴を指摘できます。一つは，いわゆる発達障害等に関わる障害を複数有するタイプです。自閉・情緒・LD・ADHD が 2,532 人でもっとも多く，LD・ADHD が 836 人，自閉・LD・ADHD が 407 人と多数を占めています。もう一つは，言語障害に他の障害をあわせ有するタイプです。言語障害・LD は 371 人，言語障害・自閉・情緒・LD・ADHD は 302 人，言語障害・難聴は 267 人でした。言語障害は，通級による指導の制度化当初から現在に至るまで，対象者数がもっとも多いものの，LD・ADHD をあわせ有する児童生徒の割合が一定程度存在することがわかります。

　このように，複数の障害種をあわせ有する重複障害への対応が急務となっていることを指摘できます。

2）特別の指導（自立活動の指導）の充実

　通級による指導は，通常の学級に在籍する子どもに対して，一人ひとりの実態に応じた特別の指導を，特別の場である通級指導教室で行うものです。特別の指導は，自立活動の指導であり，通級の指導においては個別の指導計画の作成，活用を通して指導の充実を図る必要があります。そのためには，通常の学級担任教師との協働をはじめとした，関係教師との連携や全校的な指導体制の整備により，指導の充実を図る必要があります。

3）高等学校における通級による指導の導入

　2016（平成 28）年 3 月の「高等学校における通級による指導の制度化及び充実方策について」（高等学校における特別支援教育の推進に関する調査研究協力者会議報告）を受け，2018（平成 30）年度から高等学校における通級による指導が導入されました。

　同報告では，制度化により期待できることとして，①インクルーシブ教育システムの理念の具現化，②学びの連続性の確保，③生徒一人一人の教育的ニーズに即した適切な指導および必要な支援の提供を掲げるとともに，制度化にあたって配慮すべき事項として，①国による指導内容の研究・開発，教員の専門性の向上や環境整備，②教育委員会における実施校の決定，学校への支援体制の構築，③学校における実施準備，校内体制の整備を指摘しています。

　今後，高等学校における通級による指導の取組みに注目できます。

注》

*1）静岡県伊東市にある東京都中央区区立宇佐美学園は，現存する健康学園です。東京都の各特別区で設置していた健康学園の多くは，閉園となっています。

*2）小・中・高等学校において「学級」の概念は，児童生徒の在籍を基本要件としています。特別支援学級も学級となります。これに対して通級指導教室は，通常の学級に在籍する障害のある児童生徒に対して，特別の指導を行う場であって，児童生徒の在籍を要件としていません。したがって，通級指導教室は，これまでの学級とは異なった概念として位置づけることができます（文部科学省，2018b）。

*3）2016（平成 28）年 12 月 9 日，文部科学省は，学校教育法施行規則の一部を改正する省令を定めました。通級による指導を規定した第 140 条関係では，これまで「小学校，中学校若しくは義務教育学校又は中等教育学校の前期課程」とされたものを，「小学校，中学校，義務教育学校，高等学校又は中等教育学校」に改

108

めました。2018（平成 30）年 4 月 1 日から施行されました。
*4)「公立義務教育諸学校の学級編制及び教職員定数の標準に関する法律の一部改
　　正」（2017（平成 29）年 4 月施行）により，障害に応じた特別の指導（通級によ
　　る指導）のための基礎定数が新設され，児童生徒 13 人に教師 1 人の配置とされ
　　ました。

参考文献

文部科学省「障害のある児童生徒等に対する早期からの一貫した支援について」
　　（平成 25 年 10 月 4 日付け 25 文科初第 756 号初等中等教育局長通知），2013
文部科学省「高等学校における通級による指導の制度化及び充実方策について（報
　　告）」，高等学校における特別支援教育の推進に関する調査研究協力者会議，2016
文部科学省「特別支援教育資料（平成 29 年度）」，2018a
文部科学省「改訂第 3 版　障害に応じた通級による指導の手引き―解説と Q & A
　　―」，海文堂，2018b

〈演習問題〉

　2018（平成 30）年度から高等学校において通級による指導が導入されました。こ
のことにより期待できることを述べなさい。

〈解答例〉

　2016（平成 28）年 3 月の「高等学校における通級による指導の制度化及び充実方
策について」（高等学校における特別支援教育の推進に関する調査研究協力者会議
報告）では，通級による指導の導入により期待できることとして，次の 3 つを挙げ
ています。第一は，インクルーシブ教育システムの理念の具現化です。障害者が精
神的・身体的な能力等を可能な最大限度まで発達させ，自由な社会に効果的に参加
すること等の目的の下で，障害がある者と障害がない者がともに学ぶ仕組みとして
のインクルーシブ教育システムの理念を具現するものです。第二は，学びの連続性
の確保です。高等学校において引き続き通級による指導を受けることで，学びの連
続性が確保されることになります。第三は，生徒一人ひとりの教育的ニーズに即し
た適切な指導および必要な支援の提供です。障害の状態等が異なる生徒に対して，

個別的で，かつ一人ひとりの教育的ニーズに即した適切な指導および必要な支援が
提供されることにつながります。

8 | 視覚障害の理解と指導

| 小林　秀之

《**目標＆ポイント**》 視覚障害は，どのような障害であるのかについて整理し，視覚障害教育の現況と課題について概説する。
《**キーワード**》 視覚障害，盲，弱視，点字，歩行指導，視覚補助具

1. 視覚障害の定義と原因

（1） 視覚障害の定義と分類

　視覚障害とは，視力や視野，色覚，光覚等といった視機能の永続的な低下で，日常生活や社会生活に何かしらの制限を受けている状態を指します。

　特別支援学校の対象となる視覚障害の程度は，学校教育法施行令第22条の3に示され，「両眼の視力がおおむね0.3未満のもの又は視力以外の視機能障害が高度のもののうち，拡大鏡等の使用によつても通常の文字，図形等の視覚による認識が不可能又は著しく困難な程度のもの」とあります。条文中に，特段の補足はありませんが「両眼の視力」とは矯正した視力を指しています。さらに，身体障害者福祉法（昭和24年法律第283号）の別表による視覚障害は，次のようになっています。

　　一　次に掲げる視覚障害で，永続するもの
　　　1　両眼の視力（万国式試視力表によつて測つたものをいい，屈折異常がある者については，矯正視力について測つたものをいう。以下同じ。）がそれぞれ0.1以下のもの

　2　一眼の視力が 0.02 以下，他眼の視力が 0.6 以下のもの

　3　両眼の視野がそれぞれ 10 度以内のもの

　4　両眼による視野の 2 分の 1 以上が欠けているもの

　さらに，視覚障害は，「盲」という状態と「弱視」という状態に分類されます。「盲」は，主として触覚や聴覚などの視覚以外の感覚を活用して，学習や生活をする程度の視覚障害をいい，「弱視」は，文字の拡大や視覚補助具を活用するなどして墨字（点字に対して，普通に書いたり印刷したりした文字）を使って学習や生活をする程度の視覚障害を指します。なお，医学分野における「弱視」は，乳幼児期の視機能が発達していく過程における視性刺激遮断が原因で正常な視覚の発達が停止あるいは遅延している状態を指すことから，あえて「医学的弱視」と呼び，先に示した「弱視」を「教育的弱視」あるいは「社会的弱視」として使い分けることもあります。さらに，教育分野と医療・労働・福祉分野でコミュニケーションをとる際には，不必要な混乱を避けるために「弱視」に代わり「ロービジョン」という用語が用いられるようになってきています。

　なお，「盲」と「弱視」に分類されることを示してきましたが，この分類は何かしらの基準によって明確に分けるようなものではありません。たとえば，視力をもって，弱視の範囲を「矯正した視力がおよそ 0.02 以上，おおむね 0.3 未満」と示されることもありますが，矯正した視力が 0.02 であっても，視覚補助具等を活用して墨字により生活したり学習したりしている者がいる一方で，同じ視力値でも使用文字は点字を常用している者がいるなど，一人ひとりの視機能の状態により一概ではないことに留意する必要があります。

（2）　視覚障害の原因

　2016（平成28）年の厚生労働省による調査では，視覚障害者は312,000人であると推計されています。このうち，20歳未満の者はおおむね5,000人であり，全体の2%弱にしかすぎません。視覚障害の原因は，疾患や事故等を挙げることができますが，学齢期においては先天性の要因によることが多いことが指摘されています。具体的には，柿澤（2016）は，特別支援学校（視覚障害）在籍者全体の視覚障害原因は，先天素因が54.7%で最も多く，次いで未熟児網膜症が18.4%，原因不明が11.3%，全身病が6.2%，腫瘍が6.1%，外傷が2.0%，感染症が1.2%，中毒が0.07%の順であることを示しています。さらに，特別支援学校（視覚障害）小学部児童の視覚障害原因部位を見ると，網脈絡膜疾患（未熟児網膜症，網膜色素変性症，網膜芽細胞腫など）が44.1%，眼球全体（小眼球，視神経欠損，緑内障，牛眼など）が24.5%，視神経視路疾患（視神経萎縮，視中枢障害など）が16.9%となっています。

2．視覚障害児の学習の特性とニーズ

（1）　視覚障害児の発達

　視覚障害児の発達の特徴としては，晴眼（視覚障害に対して，視覚障害のない状態を指します）児と比較して手の操作能力や移動能力などに遅れが見られることが指摘されています。これらの遅れは直接的に視覚障害から影響を受けているのではなく，視覚障害により生活の中での体験的な操作や活動の機会が少なくなることなどが影響していると考えられています。さらに，五十嵐（1993）も，視覚障害幼児の発達を規定する要因について，医学的な問題を背景とする一次的要因と，支援等により対応が可能な二次的要因とに整理し，後者に関しては，養育や教育上の工夫や配慮によって，影響を最小限に抑えられることを示してい

す。なお，二次的要因は次のように説明されています。

1）行動の制限

子どもの発達において外界の対象物に手を伸ばすリーチングの出現は生後4～5ヶ月といわれていますが，盲乳児での出現は生後10ヶ月頃であることが指摘されています（Fraiberg, 1977）。また，乳幼児に見られる接近・接触行動や後追い行動といわれている行動の出現やその頻度は視覚障害乳幼児では少ないことが報告されています。

2）視覚的情報の欠如

人間は情報の80％を視覚から得ているとよくいわれています。視覚からの情報なしに事物の具体的な概念を形成する中では，知識の全体量が少なくなったり，偏った知識や誤った知識を形成しがちになります。

3）視覚的模倣の欠如

視覚障害幼児は，親やきょうだい，周囲の人々との関わりを通して，見よう見まねでさまざまな動作や技術を身に付けていくことが困難です。これらにより，視覚障害幼児は，一つひとつの動作等を周囲から教えられなければならないために，自主性や自発性が育ちにくいという側面をあわせ有してしまう点が指摘されています。

4）視覚障害児に対する社会の態度

見えないことで周囲の大人が過保護になりすぎて，その年齢その年齢で経験しても良いことが経験されぬまま発達，成長していってしまう傾向があることが指摘されています。また，弱視児は「目で触る」と表現されるくらい極端に対象に目を近づけてモノを見ることが一般的です。この行動が弱視児の見る意欲や視経験を育てますが，「これ以上目が悪くなってしまったら」等と不安を感じ，保護者や周囲の大人から目を近づけることを禁止されてしまっている場合もあります。この視行動は，見ようとしているからこそ目を近づけているのだと理解すべきであり，

弱視幼児児童に対する「目を離しなさい」という指示は「見てはいけない」という意味の指示に置き換わってしまうことを十分に理解する必要があると考えられます。

（2） 触知覚の特徴

　視覚障害児者が指先で点字を読む場面を見て「視覚障害者の指先の感覚は鋭い」と考えられることがありますが，触覚の精度を示す指標としての触覚二点弁別閾で比較すると晴眼児者との差はありません。さらに，視覚と触覚を比較すると，触覚は触れることのできる範囲内の情報しか活用できなかったり，その情報が部分的，継続的にしか把握できなかったりと，決して活用しやすい感覚ではありません。触察（視覚障害教育においては，触覚による観察を「触察」と表現します）では，対象の形状や大きさ，重さ，温度，硬さ，材質，テクスチャー（肌理あるいは肌触り）などを認識することが可能ですが，それぞれの属性を捉えるためには，適切な手指の動かし方が必要となります。たとえば，「つるつる」「ざらざら」といったテクスチャーを確認する際には，指を対象に当てて横方向に動かしたり，硬さの場合は指や手のひらを対象に押し当てたりすることが有効です。さらに，形状を認識する際には，まず全体像をおおまかに押さえた上で，触るための基点をつくること，1本の指で触らずに多指を活用すること，両手を協応させること，全体から細部を観察しつつ全体をイメージすること，基点を移動させながら触察することなどが重要となります。

（3） 弱視児の見え方

　先に視覚障害の原因となる眼疾患はさまざまであることを示しました。このことは，同じ視力値であっても眼疾患が異なれば，見え方にも

大きな違いがあることを意味しています。たとえば，角膜や水晶体に混濁がある場合は，視力が低いことに加えてすりガラスを通して見ているような状態が想定されます。さらに，通常の明るさでも極端にまぶしさを感じる「羞明」や，暗くなると見えにくくなる「夜盲」をあわせ有していることもあります。また，視野の中に見えない部分が存在したり，視野の一部が欠損している視野障害を有している場合もあります。色覚に関しても，赤と茶，ピンクとグレーなどの色の識別がむずかしい場合もあります。

3. 視覚障害教育の現状と課題

（1）　視覚障害児の学びの場

　視覚障害児童生徒の学びの場としては，特別支援学校（視覚障害），小学校および中学校に設置されている弱視特別支援学級，弱視通級指導教室，さらに通常の学級があります。なお，弱視通級指導教室は小学校や中学校ばかりでなく特別支援学校（視覚障害）に設置されている場合もあります。

1）特別支援学校（視覚障害）

　ここで示している特別支援学校（視覚障害）は，2006（平成18）年度までの「盲学校」を発展させて教育活動を展開し，現在も『全国盲学校長会』の諸活動に参画している学校としています。なお，2006年の「特別支援教育の推進のための学校教育法等の一部改正について（通知〔18文科初第446号〕）」により視覚障害教育を専ら行う特別支援学校は，「盲学校」の名称を用いることが可能とされています。さらに，全国盲学校長会も2007（平成19）年度以降，名称変更はしていません。全国盲学校長会（2018）の調査では67校中41校が「盲学校」を校名としており，26校が「視覚特別支援学校」や「視覚支援学校」等の名称

を用いています。

2018（平成 30）年度の在籍幼児・児童・生徒数は 2,731 人（全国盲学校長会，2018）であり，ピークであった 1959（昭和 34）年度の 10,264 人から減少傾向にあります。

特別支援学校（視覚障害）は，視覚に障害のある幼児・児童・生徒に対して，幼稚園，小学校，中学校，高等学校と同等の教育を行うことと，視覚障害による学習上または生活上の困難を克服し自立を図ることを目的とし，幼稚部，小学部，中学部，高等部が設置されています。多くの特別支援学校（視覚障害）では，これらの学部が一貫して設置されていますが，幼稚部から中学部のみの学校や，高等部のみの学校もあります。高等部には専攻科が設置されており，理療科，保健理療科，理学療法科，音楽科など高度な職業教育も行っています。また，各校の学区は非常に広範囲にわたることが多いため，寄宿舎が設置されています。

なお，たとえば校名として「盲学校」が使用されていると，盲幼児・児童・生徒のみが在籍していると思われがちですが，弱視幼児・児童・生徒も在籍しており，墨字を用いて学習していることを理解しておく必要があります。

2) 弱視特別支援学級

2017（平成 29）年度の弱視特別支援学級は，小学校に 358 学級，中学校に 119 学級が設置され，それぞれ 413 人の児童，134 人の生徒が在籍しています（文部科学省，2018）。

弱視特別支援学級では，見やすい学習環境を整えるとともに，児童生徒の保有する視力を最大限に活用したり，視覚補助具を最大限に活用したりするための指導と，見やすさを保障する教材や教具を用いた教科指導が行われています。なお，弱視特別支援学級では交流及び共同学習を積極的に取り入れた運営が行われていることが多く，各教科や領域の指

導は，弱視特別支援学級と交流先の通常の学級との密接な連携の下で行われる必要性が指摘されています。

3）弱視通級指導教室（通級による指導）

2017（平成 29）年度に通級による指導を受けている弱視児は，小学生で 176 人，中学生で 21 人です（文部科学省，2018）。通級による指導の内容は，主として，視覚認知，目と手の協応動作，視覚補助具の活用等の指導が中心となりますが，視覚的な情報収集や処理の方法を指導する必要のある場合は各教科の内容も取り扱いながら指導することができます。また，在籍している通常の学級での学習や生活を円滑に行うための支援や助言も必要となり，弱視特別支援学級の場合と同様に弱視通級指導教室と通常の学級の担任同士の緻密な連携も必要となります。

4）通常の学級での指導

各自治体による弱視特別支援学級や弱視通級指導教室の設置の状況，本人または保護者の意向を尊重した就学先の決定などの理由から，多くの弱視児が通常の学級に在籍しています。具体的には，2005（平成 17）年 1 月の文部科学省の調査（池尻，2005）により，小学校 1,024 校に 1,255 人，中学校 406 校に 484 人，計 1,739 人の児童生徒が在籍していることが明らかになりました。さらに，文部科学省の資料（2018）では，学校教育法施行令 22 条の 3 に該当する視覚障害児が小学校の通常学級に 103 人，中学校の通常学級に 27 人在籍しています。これらの児童生徒のうち 28 人の児童，3 人の生徒は通級による指導を受けていますが，他の児童生徒の学習環境等を考えると，座席の位置の工夫や板書の文字の大きさを見やすい大きさにするなどの配慮があったとしても，充分な教材・教具が準備されていないかもしれません。さらに，視覚補助具の活用技術が未熟であったり，視覚補助具を一切使用していなかったりと困難な学習環境を強いられている可能性も考えられます。このた

め，特別支援学校（視覚障害）では，地域のセンター的機能の一部として，これらの児童生徒に対する支援も積極的に行っています。

（2）　視覚障害教育の配慮事項

　特別支援学校（視覚障害）における視覚障害児への教育は，学校教育法第72条の「幼稚園，小学校，中学校又は高等学校に準ずる教育を施すとともに，障害による学習上又は生活上の困難を克服し自立を図るために必要な知識技能を授けることを目的とする」に基づいて行われています。条文中にある「準ずる教育」とは，幼稚園教育要領，小学校，中学校，高等学校学習指導要領に示される教育目標を達成するために，指導上で特別な配慮を行うということです。これは単に視覚的な情報を触覚あるいは聴覚的な情報に置き換えたり，弱視児に対して見えにくい教材を拡大したりするだけにとどまりません。たとえば，点字で学ぶ児童生徒に限らず，弱視児童生徒であっても，小学校に入学するまでの生活経験の中で，青空に浮かぶ白い月やありの行列を見たことがないことが一般的です。このような経験を有していないことをふまえた上で特別な配慮が必要になるということです。

　なお，2017（平成29）年4月告示の特別支援学校小学部・中学部学習指導要領第2章第1節第1款の1には，視覚障害者である児童に対する教育を行う特別支援学校において，各教科の指導計画の作成や内容の取り扱いに当たって，次の5点の配慮が求められています。

①　児童が聴覚，触覚および保有する視覚などを十分に活用して，具体的な事物・事象や動作と言葉とを結び付けて，的確な概念の形成を図り，言葉を正しく理解し活用できるようにすること。

②　児童の視覚障害の状態等に応じて，点字または普通の文字の読み書きを系統的に指導し，習熟させること。なお，点字を常用して学習す

る児童に対しても，漢字・漢語の理解を促すため，児童の発達の段階
等に応じて適切な指導が行われるようにすること。

③　児童の視覚障害の状態等に応じて，指導内容を適切に精選し，基礎
的・基本的な事項から着実に習得できるよう指導すること。

④　視覚補助具やコンピュータ等の情報機器，触覚教材，拡大教材およ
び音声教材等各種教材の効果的な活用を通して，児童が容易に情報を
収集・整理し，主体的な学習ができるようにするなど，児童の視覚障
害の状態等を考慮した指導方法を工夫すること。

⑤　児童が場の状況や活動の過程等を的確に把握できるよう配慮するこ
とで，空間や時間の概念を養い，見通しをもって意欲的な学習活動を
展開できるようにすること。

（3）　盲児の教育内容と方法

　ここでは，盲児に対する教育内容と方法の中から，点字と歩行を取り
上げて解説します。

1）点字指導

　図 8-1 に示したように，点字は，縦 3 点，横 2 点の 6 点で構成され，日
本語だけでなく，数学・理科記号，外国語なども表すことができます。

　点字は学習手段となるため最も重要な指導内容です。点字の指導は，
基本的に国語科の授業を中心にして実施されますが，読み書きの速さを
高めるための指導が自立活動の時間において展開される必要もありま
す。点字の読み速度の基準としては，文部科学省（2003）に「入門期の
一連の触読学習を終了した時点では，1 分間に 150 マス程度読めること
が目標となる。また，教科学習を普通に行うためには 1 分間に 300 マス
程度，効率的に行うためには 1 分間に 450 マス程度読めることが必要で
あるといわれている。理想的には，1 分間に 600 マス以上の速さで読め

120

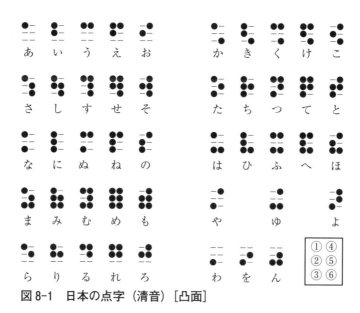

図8-1　日本の点字（清音）[凸面]

　ることが望ましい」と明確に示されていることに留意する必要があるで
しょう。
　また，点字を書く道具としては，点字盤や点字タイプライターが利用
されます。学習初期段階の点字の書き指導では，凸面が打ち出される点
字タイプライターを用い，点字盤は適切な時期に導入し，小学部高学年
段階では普通に使用できるようにする指導が行われています。

2）歩行指導

　視覚障害者の歩行は，オリエンテーション（定位＝環境の認知）と，
モビリティ（移動＝歩行運動）の2つの側面が一体となった行動であ
り，盲児に対する歩行指導を行う場合でも，環境の認知と歩行運動の調
和のとれた能力の育成が必要とされています。具体的には主として次の
6点の能力の獲得が挙げられます。

①　保有する感覚から得られる手がかりを有効に活用できる能力
②　空間の中で自己の位置づけや目的地の方向などを正しく理解できる
　　能力
③　歩行コースをイメージ化したり，コースを選択できる能力
④　思いがけない場面や状況などに，とっさに対応できる能力
⑤　他人から情報を提供してもらったり，必要に応じて援助を要請でき
　　る能力
⑥　歩行補助具を有効に活用できる能力

　なお，白杖の意義や目的として，白杖で 1 ～ 2 歩先の障害物等の存在
を取得する「安全性の確保」，杖先から路面の状態を確認したり，杖音
の反響から周囲の状況を認知したりする「情報の入手」，周囲の人に存
在を認識させたり注意を促したりする「視覚障害者としてのシンボル」
の 3 点を挙げることができます。また，歩行指導は白杖前歩行指導と白
杖歩行指導に大別され，本格的な白杖指導は小学部高学年から中学部段
階で実施されることが一般的となっています。

（4）　弱視児に対する指導内容

　弱視児の教育においては，保有する視力を最大限に活用して学習効果
をあげることが重要となります。そのためには，見やすい環境の準備と
視覚補助具の活用が有効とされています。環境の準備としては，見やす
い教材や教具を準備することや適切な照度を確保することなどを挙げる
ことができます。また，義務教育段階の教科書については，すべての教
科書出版社から拡大教科書が発行され，通常の学級で学ぶ弱視児も含め
て積極的に活用されています。

　一方，副読本や資料，日々の読書活動等，さらには義務教育終了後を
考慮すると，視覚補助具の活用も合わせて考えることが重要となりま

す。視覚補助具としては，拡大読書器や弱視レンズを挙げることができます。拡大読書器は，ビデオカメラを通して写した像を直接モニター画面に表示する装置で，閉回路テレビ（closed circuit television）を略してCCTVといわれることもあります。

　視覚補助具である弱視レンズには，黒板や横断歩道の信号機などある程度の距離がある対象を見るための遠用弱視レンズ（単眼鏡）と，教科書やノート，商品の値札などを見るための近用弱視レンズ（ルーペ）があります。実際の生活の中では拡大されたものが準備されない状況や，遠方の情報の入手の困難を考えると，弱視レンズを上手に使いこなせるかどうかが学習活動や視覚的な認知の成否のカギとなるといえるでしょう。ただし，十分に使いこなせるようになるためには長期間の活用指導も必要となります。また，一定の年齢を過ぎてしまってから弱視レンズを使用させてもなかなか上手に使えなかったり，年齢が高くなると人前で使いたがらなくなってしまうことも指摘されています。視覚補助具を活用して，よく見える体験を繰り返すことにより，低学年の段階から積極的に活用できる意欲を喚起していくことが重要となります。一方，特に通常の学級に在籍する弱視児においては，弱視児にのみ視覚補助具の活用の努力を促すのではなく，周囲の同級生や大人に弱視レンズ等の必要性を認識し，理解してもらう必要があることはいうまでもありません。

参考文献

・Fraiberg, S. *Insights from the blind.* New York：Basic Books, 1977
・五十嵐信敬『視覚障害幼児の発達と指導』，コレール社，1993
・池尻和良「小・中学校の通常の学級に在籍する弱視児童生徒に係る調査について」，弱視教育，43（3），pp.1-2, 2005
・柿澤敏文「全国視覚特別支援学校及び小・中学校弱視学級児童生徒の視覚障害原

因等に関する調査研究― 2015 年度調査―報告書」，筑波大学人間系障害科学域，
2016
・厚生労働省社会・援護局障害保健福祉部「平成 28 年生活のしづらさなどに関す
る調査（全国在宅障害児・者等実態調査）結果」，2018
・文部省「歩行指導の手引き」，慶應通信，1985
・文部科学省「点字学習指導の手引き（平成 15 年改訂版）」，大阪書籍，2003
・文部科学省「特別支援学校小学部・中学部学習指導要領」，2017
・文部科学省初等中等教育局特別支援教育課「特別支援教育資料（平成 29 年度）」，
2018
・全国盲学校長会『視覚障害教育の現状と課題　第 57 巻』，2018

〈演習問題〉
　弱視教育における拡大教科書による学習と視覚補助具の活用指導のあり方につい
て整理しなさい。

〈解答例〉
　低学年の時には弱視レンズなどの視覚補助具を用いるよりも拡大教科書による学
習のほうがはるかに楽で効率的です。しかし，教科書以外に拡大された副読本や資
料集などが必ずしも準備されるものでもありません。学年の進行とともに視覚補助
具を活用して，子どもが自らの力で拡大されていない文字等を認識できるような力
を育てることが重要であるといえます。

9 聴覚障害の理解と指導

左藤　敦子

《**目標＆ポイント**》　本章では，聴覚障害の概要について理解を深めた上で，聴覚障害に見られる日本語習得の困難さや「9歳の峠（9歳の壁）」といわれる学業のむずかしさ，心理・社会性への影響などの聴覚障害児の特性を整理する。さらに，特別支援学校（聴覚障害）と通常学級における教育の現状と多様な場で学ぶ聴覚障害児のニーズを把握し，聴覚障害教育の今日的課題について考える。

《**キーワード**》　伝音難聴，感音難聴，多様なコミュニケーション手段，補聴器，人工内耳

1．聴覚障害とは

　聴覚障害とは，聴覚に関わる器官が十分に機能せず，音声が聞き取りにくい状態，あるいは，聞き分けにくい状態を指します。**図9-1**に聞こえの仕組みを示しました。聴覚に関わる主な器官は「外耳」，「中耳」，「内耳」，「聴神経・大脳」であり，外耳から中耳にかけては伝音系，内耳以降は感音系とよばれます。音は空気の振動によって外耳道から鼓膜へ伝わり（外耳），耳小骨（中耳）で増幅されます。そして，その振動が蝸牛の中の有毛細胞によって電気信号である神経インパルスに変換され（内耳），大脳皮質（聴神経・大脳）に導かれて音声・音として認識されます。

　聴覚障害は，聴覚に関わる器官が機能しない部位（障害の部位）や聞こえる音の程度，障害の生じた時期によって分類されます。鼓膜や中耳

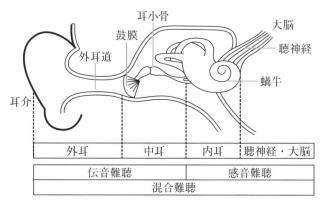

図 9-1　聞こえの仕組み
出所：大沼直紀『教師と親のための補聴器活用ガイド』，コレール社，1997，p11

の病変がある難聴を「伝音難聴」，内耳や聴神経に病変がある難聴を「感音難聴」，伝音難聴と感音難聴の合併を「混合難聴」といいます。伝音難聴は，最大 60dB 程度で，手で耳を塞いだように音が小さくなるような聞こえを示し，手術により改善が見込める場合が多いといわれています。一方，感音難聴は，音の聞こえる範囲が狭まったり，小さな音は聞こえないものの音を大きくすると響いたり，音の歪みや音がわれるような聞こえになるといわれています。

　どのくらいの大きさの音（dB）を聞き取ることができるかによって，軽度難聴，中等度難聴，高度難聴，重度難聴・ろうに分類できます。音の大きさと聞こえの程度の目安を**表 9-1** に示しました。聴覚障害児者の聴力は標準化された聴力検査法[1] によって測定され，その聞こえの様相はオージオグラム[2] にあらわされます。**図 9-2** は，日常生活の音と声の大きさの目安が記載されたオージオグラムです。

　障害の生じた時期によって，出生前に障害を受けたものを先天性難聴，出生後に障害を受けたものを後天性難聴とよびます。後天性難聴

表 9-1　聴覚障害の分類の例と音の大きさ

分類	聴力レベル	音声に対する反応	日常生活の音（例）
正常	25dB 以下	・普通の会話は問題なく，ささやき声まで完全に聞き取れる	人の心臓の音 深夜の郊外
軽度難聴	26dB〜40dB	・静かな会話が聞き取れなかったり，間違えたりする ・テレビの音を大きくする	ささやき声 新聞をめくる音 静かな事務所や図書館
中等度難聴	41dB〜60dB	・普通の会話が聞きづらい ・自動車が近づいて，初めて音に気づく	普通の会話 静かな車の中
高度難聴	61dB〜80dB	・大声でも正しく聞き取れない ・商店街などの大きな騒音しか聞こえない	大声の会話 ピアノの音 電車内の騒音
重度難聴・ろう	81dB 以上	・耳元での大声も聞きづらい ・日常音は，ほとんど聞き取れない	電車通過時のガード下 自動車のクラクション 飛行機のジェット音

は，音声情報の制約が音声言語の習得に影響を及ぼすことを考慮して音声言語の習得の前後によっても分けられます。

　聴覚障害の原因は，遺伝的な要因のほか，聴覚機能の奇形や感染（風疹ウィルス，サイトメガロウィルス感染，トキソプラズマなど），早産，出生後の頭部外傷，幼少期の感染症（髄膜炎，麻疹，水痘など），耳毒性薬物（ストレプトマイシン，カナマイシンなど），中耳炎（急性中耳炎，滲出性中耳炎，真珠腫性中耳炎など），メニエール病，騒音，高齢に伴う難聴などが挙げられます。しかし，すべての難聴の原因が明らかになっているわけではなく，原因がわからないものもあります。先天性難聴の子どもが生まれる確率は 1,000 人に 1〜2 人であり，聴覚障害の子どもの 90％は聞こえが正常な両親であるといわれています。

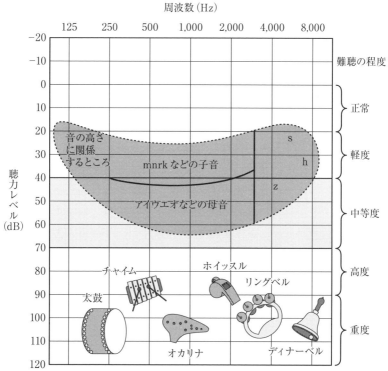

図9-2 オージオグラムと日常生活の音

出所：新正由紀子・加我君孝，「Ⅸ．軽～中等度難聴への対応」（加我君孝編，『新生児・幼小児の難聴』，診断と治療社，2014，p137）

2．聴覚障害の特性とニーズ

（1） 聴覚活用

　聴覚活用は，補聴器や人工内耳により聴覚の活用経験を広げ，コミュニケーションを豊かにし，音声言語の習得をめざす指導の一つです。日々の生活の中で音との関わりを楽しみ，傾聴の態度を育てることを軸

に，聴覚活用の力を高めていく聴覚学習が進められていきます。子ども
の興味関心のある題材の活用や自己確認できる教材の工夫，生活経験の
中で培ってきたものを整理し強化できるような活動の展開などが指導の
ポイントとなります。そして，効果的な学習の基盤として聴力検査など
による聞こえの状況の把握や，補聴器および人工内耳の調整などが不可
欠となります。また，このような学習を進めていく上においても，「聞
こえない立場を尊重する」という視点はとても重要です。

　補聴器の仕組みを図9-3に示しました。補聴器はマイクで受けた音を
増幅し，イヤホンから音を出すものです。補聴器を有効に活用するため
には，一人ひとりの聞こえにくさに合わせて音質や音量を調整（補聴器
フィッティング）することが大事です。最近では，デジタル補聴器等の
進歩により雑音の減衰や前方の音声を拾い出す指向性の機能，ハウリン
グ（補聴器からの音漏れ）の軽減，音質の細かい調整などが可能である

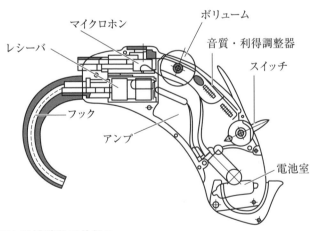

図9-3　耳かけ補聴器の仕組み
出所：大沼直紀『教師と親のための補聴器活用ガイド』，コレール社，1997，p55

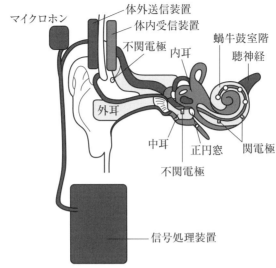

マイクロホン
体外送信装置
体内受信装置
不関電極
内耳
蝸牛鼓室階
聴神経
外耳
中耳
正円窓
関電極
不関電極
信号処理装置

図 9-4　人工内耳の仕組み
出所：聴力調整指導小委員会『難聴児童生徒へのきこえの支援』，財団法人日本学
　　　校保健会，2004，p38

機器もあります。次に，人工内耳[*3)] の仕組みを**図 9-4** に示しました。
人工内耳は，蝸牛（内耳）に電極を埋め込み，聴神経を刺激して中枢で
音を感じさせるものです。マイクから入力された音声はスピーチプロ
セッサで語音識別に有用な情報が抽出され聴神経へと伝えられます。開
発当初は中途失聴の成人に適用されていましたが，小児に対する保険適
用も認められるようになり，人工内耳を装用する子どもも増えてきてい
ます。しかしながら，人工内耳装用によって聴覚活用に顕著な効果を示
す子どもが存在する一方で，期待したような効果が得られない子どもも
おり，正確な知識の提供と家族を含めた包括的な支援などの解決すべき
課題もあります。
　補聴器や人工内耳の機器の性能は飛躍的に発展していますが，これら

の機器の活用が聴者と同じような聞こえを補償するものではなく，適切な言語環境と言語指導が必要であることに留意すべきです。

（2）　コミュニケーション方法

　聴覚障害児の学校教育が始まり，フランスのド・レペによる手話法，ドイツのハイニッケによる口話法が受け継がれていましたが，第2回聾教育国際会議（ミラノ会議，1880年）において，手話法や併用法から口話法への移行が決議され，世界的に口話法が普及していくことになりました。日本においても，日本聾話学校の設立（1920（大正9）年），川本宇之介や西川吉之介，樋口長市，橋村徳一らによって口話法の教育が推進されました。それに対して，高橋潔は適性教育（ORAシステム）の重要性を唱え，口話に適する者には口話法を，適さない者には手話法を用いるべきであり，子ども一人ひとりの実態に応じた教育の必要性を主張しました。戦後，オージオロジーの進歩による補聴器の性能の向上により，聴覚口話法へ転換するものの，聴覚口話法の補完手段の重要性が指摘されるようになりました。

　聴覚障害教育においては，早期から「確実なコミュニケーションを積み重ねる」ことが重視されており，聴覚活用とともに個々の子どもに応じて，多様なコミュニケーション方法が用いられています。聴覚障害教育で用いられる主なコミュニケーション方法の概要を**表9-2**に示しました。

　補聴器や人工内耳を活用した音声言語による方法を聴覚口話とよびます。聴覚口話による音声情報の不十分さを軽減する方法として，キュードスピーチ*4)や読話などがあります。読話は，話し手の口の動きを見て音声情報を補完する方法であり，キュードスピーチは，発話の際に子音を手指記号（キュー）であらわすものです（**図9-5**）。「たばこ/たまご」，「おじいさん/おにいさん」，「七（しち）/一（いち）」などのよう

表 9-2　聴覚障害教育におけるコミュニケーション手段

言語・モード	聴覚型	聴覚視覚併用型 (聴覚重視, 視覚同時)	視覚型
音声言語 (日本語)	聴覚 (聴覚活用中心)	聴覚口話 *キュードスピーチ* *指文字* *同時法*	口話 (読話中心)
		トータルコミュニケーション	
手指言語 (日本手話)			手話

出所：中野善達・斎藤佐和編『聴覚障害児の教育』，福村出版，1996，p54　一部改変

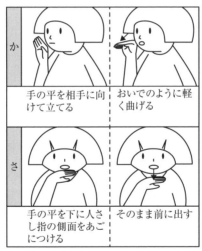

図 9-5　キュードスピーチの例
出所：草薙進郎・四日市章『聴覚障害児の教育と方法』，コレール社，1996

に，区別がむずかしい子音の情報をキュードスピーチによって視覚的に
補うことができます。
　視覚的なコミュニケーションの方法としては，手話や指文字がありま

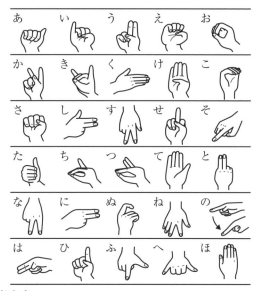

図 9-6　指文字
出所：『わたしたちの手話(1)』，一般財団法人全日本ろうあ連盟より作成

す。手話は「日本手話[*5)]」「日本語対応手話」「中間型手話」に分けら
れます。「日本語対応手話」は日本語の文法にそって日本語を手指化し
たものですが，「日本手話」は日本語と異なる文法体系を持ち，自然言
語として位置づけられた言語です。「日本手話」と「日本語対応手話」
が入り交じった手話を「中間型手話」とよびます。指文字は，日本語の
五十音に対応している手指サインです（**図 9-6**）。
　健聴者と聴覚障害者，あるいは聴覚障害者同士の効果的なコミュニ
ケーションを確保するために，聴覚，手指，口話によるコミュニケー
ションモードを適切に統合するという考え方をトータルコミュニケー
ション[*6)]とよびます。日本では，栃木聾学校において「同時法」とし

て展開されました。

（3） 聴覚障害児の特性

　聴覚障害は，日常生活の中で音声情報を効率的に活用することやコ
ミュニケーションのむずかしさだけでなく，日本語習得のむずかしさ，
学習上のむずかしさ（「9歳の峠（9歳の壁）」），心理・社会性への影響
など，発達の側面にも大きな影響を及ぼすことがあります。これらのむ
ずかしさは失聴の時期や聞こえの程度，環境のさまざまな要因が関わっ
ており，個人差も大きいといえます。

　日本語習得のむずかしさについては，一般的に，習得語彙数の少な
さ，多義的な意味の理解しづらさ，助詞等の誤用，複雑な構造の文章を
書くことや理解することのむずかしさ，作文の内容が事実の描写にとど
まること等が指摘されています。さらに，このような日本語習得のむず
かしさとの関係から，「9歳の峠（9歳の壁）」に象徴される学習への影
響も大きいといわれています。特に，読解や数の概念，抽象性の高い論
理的な内容を理解することへの困難性が高く，学年が進むにつれて聴児
との学力の差が大きくなります。同様に，認知能力についても日本語習
得との関連性から言語性の知能は聴児に比べて低い傾向にあるといわれ
ますが，動作性の知能に関連する認知的機能は聴児に比肩すると考えら
れています。また，言語力との関連性が高い課題解決や論理性を求めら
れる課題，記号的な要素が含まれる課題のむずかしさがあることも示唆
されています。

　心理・社会性については，コミュニケーション関係がうまく築けない
ことなどから，友だち間のトラブルも生じやすく，自信を失ったり自尊
心を傷つけられたり，孤独で自分には友だちがいないという悩みを抱く
こともあり，社会的適応へのむずかしさもみられます。聴覚障害の子ど

もの中には「聞こえない・聞こえにくいという特徴のある自分に対する肯定的な認識と，聞こえる周囲に対する認識（障害認識）」を持ちにくい子どもも存在し，このような傾向は軽度あるいは中等度の難聴の子どもにあらわれやすいとの指摘もあります。

（4） 聴覚障害教育の内容

　1878（明治11）年京都盲唖院[*7]，および1880（明治13）年楽善会訓盲院[*8]の開学により学校教育としての聴覚障害教育が始まり，視覚障害教育とともに進展してきました。その後，1923（大正12）年の「盲学校及聾唖学校令」の制定に伴い盲教育と聾唖教育の分離と教育課程の整備が行われました。1947（昭和22）年には「学校教育法」によって聾学校，盲学校，養護学校の教育も学校教育の一環をなすものとされ，1948（昭和23）年には就学義務が課せられることとなり，「聾唖学校」の名称も「聾学校」へと改められました。その後，多くの聾学校に幼稚部が設置されるようになり，早期教育が確立されていく土台となりました。

　聴覚障害の子どもたちの学びの場は，特別支援学校（聴覚障害），難聴特別支援学級，難聴通級指導教室，通常の学級等が考えられます。また，特別支援学校（聴覚障害）の教育相談や児童発達センター（旧難聴幼児通園施設）等においては，3歳児未満の聴覚障害幼児とその家族に対して早期からの支援が行われています。特別支援学校（聴覚障害）では，自然法[*9]を中心とした日本語指導と配慮のもとに，通常の学級に準ずる教育と聴覚障害の状況に応じた自立活動の指導が行われています。「伝わる」ことと「わかる」ことの違いを念頭におき，個々の子どもの実態に適した働きかけを大事にした指導が行われています。

・乳幼児教育相談：新生児聴覚スクリーニング検査[*10]の実施によって

生後1〜2ヶ月の段階で聴覚障害が発見されることもあり，0歳代からの教育および支援の重要性が高まっています。乳幼児教育相談では，子どもの全体的な発達を促すことや愛情と信頼関係に基づく親子関係を育てること，補聴器の装用や聴覚活用の指導を視野に入れ，家族を含めた乳幼児への教育支援を行っています。

・幼稚部：子どもの全人的な育成をめざすとともに，子ども同士のコミュニケーション活動の活発化および話しことばの習得を促し，言語力の向上をはかることを目標として掲げています。具体的には，基本的な生活習慣や態度を育てることや，身近な事象への興味関心を育てて，豊かな心情や思考力の芽生えを大事にすること，話しことばの表出と理解に関する態度や必要な技術，ことばに対する感性を養うこと等が挙げられます。生活の中で育まれた幼児期の言語が日本語の読み書きの力へとつながり，教科等の指導の基盤となるため，幼稚部における指導がその後の発達に果たす役割は大きいといえます。

・小学部：幼稚部段階で築きあげた言語力を基盤として，書きことばの習得や抽象的なことばの理解を促す指導（わたりの指導）がすすめられていきます。コミュニケーションが成立し伝わることを前提として，さらなる内容の理解をめざすことが重要となります。また，子どもの実態に応じたねらいや内容を吟味することや教材の精選，思考を促す発問の工夫なども不可欠です。

・中学部：読み書きの力を核とした基礎学力の定着と，「自ら学び自ら考える力」をめざした指導が行われます。小学部段階に比べて学習内容が質量ともに増えていき，生徒の学力の個人差が大きくなっていきます。生徒の知的好奇心を刺激し，確実な手段で「わかる授業」を展開することが，生徒の学習意欲を高めることにつながります。また，個々の児童生徒の実態に応じた言語力とコミュニケーション能力の向

上，自主的かつ自律的態度の育成をめざした指導も重要です。さらに，心身ともに大きく成長するこの時期にみられる人間関係の課題や情緒的な揺れなどもふまえて，障害認識に対する指導も求められます。

・高等部・専攻科：義務教育の成果を基盤として，自ら学ぶ意欲を持ち，社会に主体的に関わる力を持った人間の育成をめざしています。特に，高等教育機関への進学も増えている現状においては，個々の生徒が具体的な将来像を描き，一人ひとりの子どもの可能性が十分に生かされるような学習態勢や方法，内容を工夫することが必要です。

・自立活動：聴覚障害教育における指導内容としては，主に，①聴覚活用，②発音・発語，③コミュニケーション・言語，④障害認識，が挙げられます。①聴覚活用に関する指導内容は，補聴器あるいは人工内耳の取扱いや装用習慣，聴力や機器に関する知識の習得，音や音楽，言語の聞き取りを中心として行われます。②発音・発語に関する指導内容は，発声・呼吸の指導，構音器官（息・声・舌・あご・唇）の動きの習得，単音から語句，文の発声などの指導が行われます。発音・発語指導は発音の明瞭度を高めることだけが目的ではなく，日本語の音韻や音声の構造を意識させ，日本語の習得と定着を図る意味もあります。③コミュニケーション・言語に関する指導内容では，コミュニケーションに対する意欲，日本語表現の拡充や補完などの指導が行われます。④障害認識に関する指導内容では，自己の聞こえの特徴を把握することをふまえて，聴覚障害に関する基礎的な知識，身体障害者手帳や福祉の制度への知識，情報保障，聴覚障害者の歴史，手話やろう文化*11) などに着目した指導が展開されます。

3. 教育の現状と課題

（1） バイリンガルろう教育と聴覚活用

　言語学的観点による研究の展開や，ろう幼児の手話言語獲得のプロセスなどに関する心理学的研究の示唆，バイリンガルろう教育[*12)] による教育実践などの聴覚障害教育をとりまく状況の変化などから，教育における手話の位置づけが問い直されてきています。聴覚障害教育では聴覚口話法を基本とした音声言語による教育が行われてきましたが，現在では，大多数の特別支援学校（聴覚障害）が聴覚活用を基盤としながらも，一人ひとりの子どもに適したコミュニケーションに主眼をおき，幼稚部段階の早期から手話を導入したり，教材開発や指導上の工夫が行われるようになってきています。しかしながら，早期からの手話の使用と日本語習得との関わりについては明らかになっていないことも多く，指導の原理や指導方法についての研究や実践が積み重ねられている段階であるといえます。

　教育における手話の必要性が認識されてきている一方で，人工内耳装用児の増加に伴い，効果的かつ持続的な聴覚活用に関する指導も求められています。聴覚活用に関する指導のニーズは，特別支援学校（聴覚障害）に通う子どもだけではなく，通常の学級で学ぶ子どもにとっても重要であり，オージオロジーに関する専門的知識や技術を持つ教師の配置の難しさなどが課題として挙げられています。このように，聴覚活用が主となる子どももいれば，手話が主となる子どももおり，聴覚障害児のニーズは多様です。

　個々の子どもの発達段階や実態を見極めて，より最適な条件のもと指導・支援を展開することが期待されています。

（2）　難聴特別支援学級・難聴通級指導教室

　「きこえの教室」などとも呼ばれ，通常の学級との連携のもと，自立活動と教科の補充指導などが行われています。具体的には，①聴覚管理，②聴覚学習，③言語指導（ことばの発達の促進），④発音指導（手話や指文字なども含む），⑤適応指導（トラブル解決，障害理解，障害認識等），⑥教科の補充指導などの指導です。通常の学級で学ぶ聴覚障害の子どもは他の聴覚障害の子どもと交わる経験が少なくなりがちであるため，同じ障害を持つ子ども同士の仲間あるいは成人の聴覚障害者と積極的に交流する機会を保障することが不可欠です。このような機会を通じて，社会で活躍する聴覚障害の先輩の考え方や生き方に触れたり，学校生活の悩みを共有したり，聴覚障害である自分に向き合う貴重な時間を得て，障害認識や自己肯定感が育まれていくと考えられます。

　通常の学級における学習および学校生活に対する支援としては，環境調整（騒音や反響音の対策など）や，補聴，情報保障への配慮が挙げられます。音声情報を補完する方法として，補聴援助システム[13]の活用や授業補助者などによる情報保障[14]があります。学校教育の場における情報保障では，授業や会話の大事な内容だけ抜き出して伝えるものだけではなく，子どもたちが学校生活に参加するためにどのような情報あるいは支援が必要であるのかを考える視点が不可欠です。また，授業補助者による情報保障を行う以外にも，読話の重要さへの理解，伝わりやすい話し方の工夫，グループ学習実施時のルールづくり（たとえば，話し手は挙手をするなど），板書の工夫なども，聴覚障害児が能動的に学校生活を送るために有効な支援となりえます。

注》

*1）標準純音聴力検査（どのぐらい小さな音まで聞こえるかということを測定する

もの），語音聴力検査（ことばの聞き取りやすさを調べる検査）が代表的な検査です。また，発達段階に応じて，乳幼児に対する聴力検査として聴性行動反応検査（BOA），条件探索反射聴力検査（COR），遊戯聴力検査，聴性脳幹反応（ABR）があります。平均聴力レベルは，一般的に 4 分法とよばれる以下の計算式，（500Hzの聴力 + 1000Hzの聴力 × 2 + 2000Hzの聴力）÷ 4 で求められます。

*2）規定のグラフに，規定の方式で，聞こえの様相を書きこんだものを指します。縦軸は聴力レベル（音の強さ；dB）を，横軸は周波数（音の高さ；Hz）をあらわします。

*3）小児人工内耳適応基準（2014）では，手術から術後の療育までの家族および医療施設内外の専門職種との一貫した協力体制がとれていることを前提条件として，原則 1 歳以上（体重 8kg 以上）で，裸耳の平均聴力レベルが 90dB 以上などの基準が設けられています。

*4）ギャローデット大学のコーネットが創案したもので，読話を補助する手指記号の手がかりです。音声言語を視覚化し，話す時の自然な唇の動きと組み合わせて用い，口形が似ている音韻や視覚的に把握がむずかしい音韻の読み取りを容易にしようとする方法です。

*5）自然言語として位置づけられ，日本語とは異なる文法体系を持つ言語です（例；アメリカでは，「American Sign Language（ASL）」です）。日本語とは異なり，顔の表情やまゆの上げ下げ，視線等が文法的機能を表したり（非手指操作），手話と非手指動作あるいは手話と手話を同時に使って文をつくる（同時性）等の特徴があるといわれています。

*6）特定のコミュニケーション手段を指すのではなく，コミュニケーションが成り立つように多様な手段を統合することをめざすもので，「聴覚障害者同士および聴覚障害者との効率的なコミュニケーションを確実にするために，適切な聴能・手指・口話によるコミュニケーション方法を統合した理念」と定義されます。

*7）古河太四郎らの尽力により創設された学校です。古河太四郎は体系的な機能を持つ教授用の手話（手勢：日本語を手指で表現する方法）や発音発語の指導法等を考案し，聴覚障害教育にも携わりました。

*8）古川正雄ら 6 名に山尾庸三らも加わり，視覚障害教育と聴覚障害教育が開始さ

れました。東京教育大学の附属聾学校を経て，現在は筑波大学附属聴覚特別支援学校となっています。1871（明治4）年の山尾庸三による「盲唖学校創立の建白書」から障害児教育が発展していきました。

*9）語彙や語法の難易にかかわらず，子どもの必要に応じて，コミュニケーション場面や対話によって言語を習得させるような言語指導法です。一方，文を教える基礎となる文法を習得させ，系統的に教授していく方法を構成法といいます。

*10）聴覚に関する精密検査の必要性を判定するためのもので，出生後に短時間で実施できる簡易聴覚検査です。「再検査(Refer)」の判定がでた場合には，精密検査による確定診断を受ける必要があります。このスクリーニング検査の導入により，早期発見による早期支援の可能性が広がりましたが，検査後のフォロー体制の整備の必要性や検査および結果に対する説明不足等の課題も指摘されています。

*11）「聴覚障害＝ろう文化」ではありません。アメリカの定義では「ろう者とは手話を母語とし，ろう者の集団がろう社会であり，ろう社会の文化がろう文化である」とされています。ろう文化の独特の行動パターンとして「（日本文化では，人を指さすのは無作法とされますが）人やものを指すときに指さしで示す」などの例が挙げられています。参考：「ろう文化宣言」『現代思想』，23巻3号，1995

*12）ろう者の第一言語は手話であるとの前提のもとに，手話と書記言語を用いた教科学習を行う教育のことをバイリンガルろう教育といいます。なお，ここでいう手話とは，音声言語とは異なる文法体系をもつ日本手話や American Sign Language（ASL）のことを指します。また，バイリンガルろう教育においては，リテラシーの向上という側面だけではなく，ろう文化を継承し，ろう者としてのアイデンティティの確立を図るという重要な側面も含まれます。

*13）騒音や反響音，音源からの距離などによる補聴への影響を改善するための機器で，磁気誘導ループシステムや赤外線補聴システム，ＦＭ補聴システムなどがあります。たとえば，ＦＭ補聴システムは，ＦＭ送信機（ＦＭマイク）から入ってきた音をＦＭ電波でＦＭ受信機に伝え，補聴器や人工内耳に音声を届けるというシステムです。

*14）情報保障：ノートテイク，パソコン要約筆記，手話通訳，音声認識ソフト，補聴援助システムなどの手段があります。教育歴やコミュニケーション方法，言

語，聴力レベル等によって，一人ひとりの情報保障のニーズは異なるという点に
留意が必要です。

参考文献

- 岩城謙『聴覚障害児の言語とコミュニケーション』，教育出版，1986
- 加我君孝 編集『新生児・幼小児の難聴―遺伝子診断から人工内耳手術，療育・教育まで―』，診断と治療社，2014
- 神田和幸 編著『基礎から学ぶ手話学』，福村出版，2009
- 大沼直紀『教師と親のための補聴器活用ガイド』，コレール社，1997
- 大沼直紀 監修『教育オーディオロジーハンドブック　聴覚障害のある子どもたちの「きこえ」の補償と学習指導』，ジアース教育新社，2017
- 白井一夫ほか 編著『難聴児・生徒理解ハンドブック　通常の学級で教える先生へ』，学苑社，2009
- 脇中起余子『聴覚障害教育　これまでとこれから　コミュニケーション論争・9歳の壁・障害認識を中心に』，北大路書房，2009
- 四日市章ほか 編著『聴覚障害児の学習と指導―発達と心理学的基礎―』，明石書店，2018
- 中野善達・斎藤佐和 編『聴覚障害児の教育』，福村出版，1996

〈演習問題〉

　通常の学級で学ぶ聴覚障害児が，円滑に学校生活を過ごし，効果的に学習をすすめるために，学校や教師はどのような点に配慮すべきであるかについて説明しなさい。

〈解答例〉

　環境への物理的な配慮として，席の配置への配慮や防音性能の高いカーテンの設置，椅子や机への防音材の設置，口形をしっかりと見せるような話し方，補聴援助システムの活用などが挙げられます。また，情報取得のための文字通訳者（ノートテイクやPC要約筆記）や手話通訳者の配置，クラスメイトや教師，保護者への障害理解教育も欠かせない配慮です。さらには，キャリア教育の視点からも，聴覚障害児が自身に必要な配慮やニーズを自覚し，自身の聞こえの状況やニーズを適切に

説明ができるように，担任教師や特別支援学級担任，専門家が連携した支援・指導は不可欠です。

10 知的障害の理解と指導

米田　宏樹

《**目標＆ポイント**》　知的障害の定義と知的障害のある人の学習上の特性と
ニーズについて確認する。また，知的障害教育の展開を概観し，知的障害教
育の教育課程や指導形態・方法の特徴を理解する。さらに，知的障害のある
人の教育の現状をふまえて，今後の課題について考える。
《**キーワード**》　知的障害教育の歴史，知的障害教育教科，自立活動，生活に
即した教育，合理的配慮，知的障害者の自立

1. 知的障害の定義と原因

（1）　知的障害とは

　知的障害の定義は，米国精神医学会（APA：American Psychiatric
Association）や米国知的・発達障害学会（AAIDD：American Asso-
ciation on Intellectual and Developmental Disabilities）などによって示
されています。これらの定義に含まれる共通要素として，以下の3点が
挙げられます。

　　①知的機能に制約があり，個別機能による知能検査で，およそ70ま
　　　たはそれ以下のIQであること。
　　②適応行動に制約を伴うこと。
　　③上記①②の状態が発達期，おおむね18歳以下で現れること。

　わが国の学校教育においても，これらの定義をふまえて，知的障害と
は，「知的機能の発達に明らかな遅れと，適応行動の困難性を伴う状態
が，発達期におこるものを言う」とされています（『特別支援学校学習

指導要領解説各教科等編（小学部・中学部）平成 30 年 3 月』，開隆堂出
版，p. 20 参照）。

（2） 知的障害の原因と社会的・環境的条件

　知的機能の制約の要因は，脳の成長と発達が何らかの原因によって障
害を受けることです。その原因となる病気や環境的条件にはさまざまな
ものがあります。医学の進歩があっても，具体的な原因を特定できない
場合も多くあります。知的障害を起こす原因がいつ起こったのかによっ
て，出生前の原因，周産期の原因，出生後の原因の 3 つに分けて説明さ
れます。

　　①出生前の原因：母体の代謝異常や，母体を通じて生じた感染症や薬
　　　物の影響等の外的原因。子どもが先天的に持つ遺伝子や染色体の異
　　　常，他因子疾患などの内的原因。

　　②周産期の原因：出産時の事故や子宮内障害による子どもの脳への傷
　　　害や感染症など。

　　③出生後の原因：頭部外傷や感染症，不適切な養育環境や虐待などの
　　　環境的原因。

　なお，2002 年に米国精神遅滞学会（AAMR：American Association
on Mental Retardation：米国知的・発達障害学会の改称前の名称）が，
生物医学的因子，社会的因子，行動的因子，教育的因子の 4 つの観点か
ら捉える多因子的アプローチを採用して以来，知的障害の原因は，多様
な要因を考慮して捉えられるようになってきています。

　次に適応行動の制約について考えます。適応行動とは，「日常生活に
おいて機能するために人々が学習した，概念的，社会的及び実用的なス
キルの集合」のことです。適応行動の習得や習熟に困難があり，実際の
生活において支障・不利益をきたしている状態が適応行動の困難性のあ

る状態といえます。

　適応行動の困難性の背景には，周囲の要求水準の問題などの心理的・社会的・環境的要因が関係しています。発達上の遅れまたは障害の状態は，ある程度，持続するものですが，絶対的に不変であるということではありません。教育的対応を含む広義の環境条件を整備することによって，知的発達の遅れがあまり目立たなくなったり，適応行動がある程度改善されたりする場合もあります。また，適応行動の問題は，その適応行動が要求されない状況になると顕在化しなくなるということもあります。そのため，困難性の有無を判断するには，特別な援助や配慮なしに，その文化圏において，同じ年齢の者と同様に，そうしたことが可能であるかどうかを検討することが大切です。知的障害は，個体の条件だけでなく，環境的・社会的条件との関係で，その障害の状態が変わり得る場合があるということが銘記される必要があります。

2．知的障害のある児童生徒の学習特性とニーズ

（1）　学習上の特性とニーズ

　知的障害のある児童生徒の学習上の特性とそれへの対応について，『特別支援学校学習指導要領解説各教科等編（小学部・中学部）平成 30 年 3 月』（開隆堂出版）の記述から，2017（平成 29）・2018（平成 30）・2019（平成 31）年期の小・中・高・特別支援学校等の全学習指導要領改訂の主要ポイントの 1 つである「新しい時代を生きる子供たちに必要な資質・能力」の三つの柱に即して紹介すると以下のようになります。

　　①「何を理解しているか，何ができるか（生きて働く『知識・技能』の習得）」に関連した特性・ニーズとそれへの対応：「学習によって得た知識や技能が断片的になりやすく，実際の生活の場面の中で生かすことが難しい」ことが挙げられますが，「児童生徒が一度身に

付けた知識や技能等は着実に実行されることが多い」ことから，「実際の生活場面に即しながら，繰り返して学習することにより，必要な知識や技能等を身に付けられるようにする継続的，段階的な指導が重要」になります。

②「理解していること・できることをどう使うか（未知の状況にも対応できる『思考力・判断力・表現力等』の育成）」に関連した特性・ニーズとそれへの対応：「抽象的な内容の指導よりも，実際的な生活場面の中で，具体的に思考や判断，表現できるようにする指導が効果的」です。

③「どのように社会・世界と関わり，よりよい人生を送るか（学びを人生や社会に生かそうとする『学びに向かう力，人間性等』の涵養）」に関連した特性・ニーズとそれへの対応：「成功経験が少ないことなどにより，主体的に活動に取り組む意欲が十分に育っていないことが多い」ため，「学習の過程では，児童生徒が頑張っているところやできたところを細かく認めたり，称賛したりすることで，児童生徒の自信や主体的に取り組む意欲を育むことが重要」です。

　また，「教材・教具，補助用具やジグ等を含めた学習環境の効果的な設定」や「関わり方の一貫性や継続性の確保」などによって，知的障害のある児童生徒の学習活動への主体的な参加や経験の拡大を促していく」ことで，「物事にひたむきに取り組む態度や誠実さといった学びに向かう力や人間性が十分に発揮されやすい」とされています。

さらに，上記に加えて，知的障害のある児童生徒の能力や可能性を引き出すために，タブレット端末等の情報機器等の有効活用も大切な視点となります。

知的障害のある児童生徒の学習上の特性に応じた指導においては，本

人の興味・関心などを大切にしながら学習意欲を高め，学んだことを生活の中で生かし，さらに生活経験を拡大していけるような指導を行うことが大切です。この際に，児童生徒が，補助具や支援機器等の支援を活用し，彼らがその時点で持っている能力を最大限発揮しながら学習活動を進めていくという考え方も重要です。

（2）　知的障害教育の考え方

1）行動的理解と生活教育

知的障害のある人の教育においてはこれまで，知的発達の遅滞の「遅滞を解消」し，あるいは「遅滞の程度を軽減」し，定型発達の道筋に沿った知的発達を「可能な限り」保障しようとする思想に基づく努力が行われてきました。しかしながら，「可能な限り」の知的発達は，「学校知」（通常教育の教科学習段階）でいえば，いわゆる軽度の知的障害のある子どもでは「小学校5・6年生程度」，重度の子どもでは「教科学習以前の段階（幼稚園程度）」にとどまるとの評価が古くからなされてきました[1]。三木安正や杉田裕のような戦後の知的障害教育の開拓者たちは，知的障害児の知的発達は制約を受けるという意味で，障害のない子どもの発達とは異なると捉えていました。

社会生活への適応の困難は，元来，知的障害のある人が，周囲から「問題視」される原因でもあります。「知的障害にもとづく学習上・生活上の困難を軽減・克服する」とは，家庭生活，学校生活，社会生活のそれぞれの文脈で，それぞれの生活年齢段階（ライフステージ）で生じてくる多様な生活適応困難を軽減し解消することであると考えられます。知的障害教育で，「適応機能」の改善・向上に主眼が置かれてきたのは，知的理解に制約があっても行動的理解によって，社会適応は可能であり，社会生活に参加可能であるという理解によります。この理解を前提

として，知的障害教育は展開されてきました。

　知的障害教育は，「いかにして社会性を培い社会自立を図っていくか
を究極のねらい」とする，児童生徒の生活に即した「経験」が基本の生
活教育なのです。

2) 知的障害教育実践の試行と生活教育

　実生活に即した教育が基本の知的障害教育においては，具体的生活経
験そのものを指導内容に設定し，領域や教科には分けられない指導とし
て取り組まれてきた歴史的経緯があります。第二次世界大戦以前の知的
障害教育では，知的教科よりも技能的教科の時間を増やし，生活指導を
中心とした総合的な学習が行われていました。

　戦後の知的障害教育の実践研究は，1947（昭和 22）年に文部省教育
研修所内に，東京都品川区立大崎中学校の分教場を実験学級として設置
することから始められました。この分教場は，3 年後の 1950（昭和 25）
年には東京都に移管され，東京都立青鳥中学校となり，1957（昭和 32）
年には青鳥養護学校に改編され，高等部も設置されました。新しい義務
教育制度では，旧制中学校とは異なり，全員が無選抜で中学校に入学さ
せられることになるため，中学校という高度な内容での義務教育に到底
ついていけない生徒が，知的障害のある生徒を含んで 10％は生じるで
あろうと予想され，その対策を考える必要があったのです。新制中学校
にあっては，小学校以上に，特殊学級が必要であると考えられました。
すなわち，この分教場（実験学級）の設置は，新制中学校生徒のための
特殊学級の創設であり，新制度実施に伴う教育上の問題解決のための実
践研究の開始でもあったのです。知的障害のある生徒の中学校卒業後の
社会的自立を実現するために，新しい 6・3 制義務教育を，彼らに対し
てどのように行うかが，中心的な研究課題として取り組まれたのです。

　このような背景のもと，戦後の知的障害教育の開拓者たちは，「バ

ザー単元[*2)]」や「学校工場方式」などの実践に見られるように，学校における学習活動をより現実度の高い活動で組織し，学校生活の実生活化を図りました[*3)]。学習活動は生活上の課題を成就するための活動であり，その過程で結果として「領域」「教科」の内容が習得されるという理解が，知的障害教育では支持されてきたのです。

3．知的障害教育の現状と課題

（1）　知的障害児の「特別な学びの場」とその対象者

　知的障害児童生徒のための「特別な学びの場」には，特別支援学校（知的障害）と知的障害特別支援学級があります。知的障害児はその学習特性とニーズから，小集団による発達段階に応じた特別な教育課程・指導法が効果的であると考えられています。このため，知的障害児は，「通級による指導」の対象外とされ，主として，特別支援学校や特別支援学級において，指導がなされてきました。

1）特別支援学校（知的障害）の対象となる障害の程度と状態像

　特別支援学校（知的障害）の教育を受けることができる対象児童生徒の障害の程度は次のように示されています。

　　「一　知的発達の遅滞があり，他人との意思疎通が困難で日常生活を営むのに頻繁に援助を必要とする程度のもの

　　二　知的発達の遅滞の程度が前号に掲げる程度に達しないもののうち，社会生活への適応が著しく困難なもの」（学校教育法施行令22条の3）

　このような障害の状態像の子どもたちは，生活に即した実際的な指導場面でのきめ細やかな指導が必要となるため，特別支援学校（知的障害）が，主要な学びの場の選択肢となります。

　特別支援学校（知的障害）では，知的障害教育教科の内容を中心にし

た教育課程が編成され，一人ひとりの言語面，運動面，知識面などの発達の状態や社会性などを十分把握した上で，生活に役立つ内容を実際の体験を重視しながら，個に応じた指導や少人数の集団で指導が進められています。

　小学部では基本的な生活習慣や日常生活に必要な言葉の指導など，中学部ではそれらを一層発展させるとともに，集団生活や円滑な対人関係，職業生活についての基礎的な事柄の指導などが行われています。高等部においては，家庭生活，職業生活，社会生活に必要な知識，技能，態度などの指導を中心とし，特に職業教育の充実が図られています。

2）知的障害特別支援学級の対象となる障害の程度と状態像

　知的障害特別支援学級の対象となる知的障害者の障害の程度は，文部科学省初等中等教育局長の通知によって以下のように示されています。

　　「知的発達の遅滞があり，他人との意思疎通に軽度の困難があり日常生活を営むのに一部援助が必要で，社会生活への適応が困難である程度のもの」（平成25年10月4日付け25文科初第756号初等中等教育局長通知「障害のある児童生徒等に対する早期からの一貫した支援について」）

　知的障害特別支援学級の対象は，その生活年齢段階で求められる身辺処理の自立はほぼできている者で，その年齢段階に標準的に要求される機能に比較して他人との日常生活に使われる言葉を活用しての会話はほぼ可能であるが抽象的な概念を使った会話などになると，その理解が困難な程度の者となります。

　知的障害特別支援学級では，必要に応じて特別支援学校の教育内容等を参考にしながら，小集団の中で，個に応じた生活に役立つ内容が指導されています。

　小学校の知的障害特別支援学級では，体力づくりや基本的な生活習慣

の確立，日常生活に必要な言語や数量，生活技能等の指導が行われます。中学校の特別支援学級では，小学校特別支援学級での指導を充実させるとともに，社会生活や職業生活に必要な知識や技能等が指導されます。

（2）　知的障害教育における指導内容・指導形態
1）知的障害教育教科の特徴

　知的障害者を教育する特別支援学校の各教科（以下，知的障害教育教科）は，小・中・高等学校等の各教科とは異なり，発達期における知的機能の障害をふまえ，児童生徒が自立し社会参加するために必要な内容を身に付けることを重視し，特別支援学校学習指導要領において，独自性をもって，各教科等の目標と内容等が示されてきました。知的障害教育教科は，発達段階 1 歳前後の発達の未分化（かつ未分科）な児童生徒にも適用できるようになっています（図 10-1）。知的障害教育教科は，通常教育で設定されている「教科」以前の指導内容を含み，生活に活用するための「教科」以後の内容も含むものである点が特徴です。

　また，内容の示し方にも特徴があります。知的障害教育教科では，基本的には，知的発達，身体発育，運動発達，生活行動，社会性，職業能力，情緒面での発達等の状態を考慮して，その目標や内容が，学年ではなく段階別に，小学部 3 段階，中学部 2 段階，高等部 2 段階で示されています（表 10-1）。このうち中学部段階については，段階間の円滑な接続を図るため，2017（平成 29）年 4 月の特別支援学校小学部・中学部学習指導要領の改訂ならびに 2019（平成 31）年 2 月の特別支援学校高等部学習指導要領（以下，2017・2019 年特別支援学校学習指導要領）の改訂で，新たに 2 段階で示されたものです。

　知的障害のある児童生徒は，発達期における知的機能の障害が，同一学年であっても，個人差が大きく，学力や学習状況も異なることから，

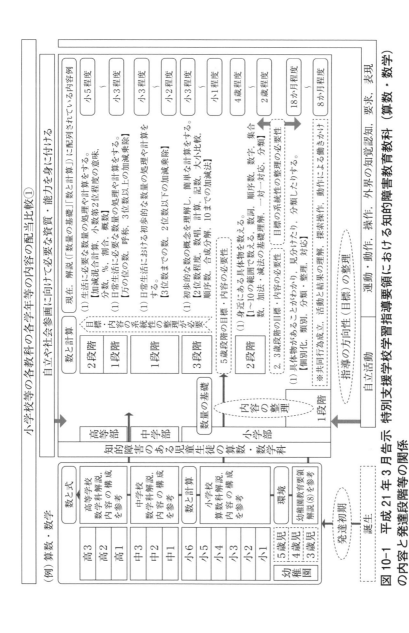

図 10-1　平成 21 年 3 月告示　特別支援学校学習指導要領における障害教育教科（算数・数学）の内容と発達段階等の関係
出所：平成 28 年 5 月 18 日中央教育審議会教育課程部会特別支援教育部会第 8 回資料 3-1 p. 11 を一部修正。

表 10-1　知的障害教育教科の各段階とその内容

小学部 1 段階	主として教師の直接的な援助を受けながら，児童が体験し，事物に気付き注意を向けたり，関心や興味をもったりすることや，基本的な行動の一つひとつを着実に身に付けたりすることをねらいとする内容。
小学部 2 段階	主として教師からの言葉掛けによる援助を受けながら，教師が示した動作や動きを模倣したりするなどして，目的をもった遊びや行動をとったり，児童が基本的な行動を身に付けることをねらいとする内容。
小学部 3 段階	主として児童が自ら場面や順序などの様子に気付いたり，主体的に活動に取り組んだりしながら，社会生活につながる行動を身に付けることをねらいとする内容。
中学部 1 段階	主として生徒が自ら主体的に活動に取り組み，経験したことを活用したり，順番を考えたりして，日常生活や社会生活の基礎を育てることをねらいとする内容。
中学部 2 段階	生徒の日常生活や社会生活および将来の職業生活の基礎を育てることをねらいとする内容。主として生徒が自ら主体的に活動に取り組み，目的に応じて選択したり，処理したりするなど工夫し，将来の職業生活を見据えた力を身に付けられるようにしていくことがねらい。
高等部 1 段階	中学部 2 段階の内容やそれまでの経験をふまえ，生活年齢に応じながら，主として卒業後の家庭生活，社会生活および職業生活などの関連を考慮した，基礎的な内容。主として生徒自らが主体的に学び，卒業後の生活を見据えた基本的な生活習慣や社会性，職業能力等を身に付けられるようにしていくことがねらい。
高等部 2 段階	高等部 1 段階をふまえ，比較的障害の程度が軽度である生徒を対象として，卒業後の家庭生活，社会生活および職業生活などの関連を考慮した，実用的かつ発展的な内容。主として生徒自らが主体的に学び，卒業後の実際の生活に必要な生活習慣，社会性および職業能力等を習得することをねらいとする。

出所：『特別支援学校学習指導要領解説各教科等編（小学部・中学部）平成 30 年 3 月』（開隆堂出版）および「平成 30 年度新特別支援学校高等部学習指導要領等説明会における文部科学省説明資料（3/3）」（平成 31 年 2 月）をもとに作成。

段階を設けて示すことにより，個々の児童生徒の実態等に即して，各教科の内容を選択して，効果的な指導を行うことができるように工夫されているのです。

2) 知的障害教育教科の目標と内容

2017・2019 年特別支援学校学習指導要領の改訂では，小・中学校等の教育課程と知的障害教育教科による教育課程等との連続性の可視化が重要ポイントの1つとされました。2017・2019 年特別支援学校学習指導要領では，知的障害教育各教科の目標や内容が，小・中学校等の通常の各教科と同じく，「育成を目指す資質・能力の三つの柱（①知識及び技能，②思考力・判断力・表現力等，③学びに向かう力，人間性等）」で整理されました（**表 10-2**）。なお，この際，知的障害教育各教科の各段階の内容が，小・中学校等の各教科の学年段階のいずれの段階に相当する内容までを含んでいるかが精査され，各教科の系統性や小・中学校等の各教科とのつながりが重視されたかたちで整理されました。

3) 各学部の知的障害教育教科の構成

小学部の各教科は，生活，国語，算数，音楽，図画工作および体育の6教科で構成されています。児童は，この6教科を第1学年から第6学年を通して履修します。2017（平成29）年学習指導要領では，外国語活動が，学校や児童の実態を考慮して，小学部3学年以上で，必要に応じて設けることができることとされました。

中学部の各教科では，国語，社会，数学，理科，音楽，美術，保健体育および職業・家庭の8教科に，各学校の判断で必要に応じて外国語科を加えることができます。生徒は，これらの教科を第1学年から第3学年を通じて履修します。また，その他特に必要な教科を学校の判断で設けることもできます。

高等部の各教科は，各学科に共通する各教科，主として専門学科にお

表 10-2　知的障害教育教科と通常の教科の目標の比較（小学部・小学校「国語」）

改訂年版ごとの目標		知的障害教育教科小学部「国語」	小学校「国語」
平成20・21年改訂版	目標	日常生活に必要な国語を理解し，伝え合う力を養うとともに，それらを表現する能力と態度を育てる。	国語を適切に表現し正確に理解する能力を育成し，伝え合う力を高めるとともに，思考力や想像力及び言語感覚を養い，国語に対する関心を深め国語を尊重する態度を育てる。
平成29年改訂版	目標	言葉による見方・考え方を働かせ，言語活動を通して，国語で理解し表現する資質・能力を次のとおり育成することを目指す。	言葉による見方・考え方を働かせ，言語活動を通して，国語で正確に理解し適切に表現する資質・能力を次のとおり育成することを目指す。
	知識及び技能	(1)　日常生活に必要な国語について，その特質を理解し使うことができるようにする。	(1)　日常生活に必要な国語について，その特質を理解し適切に使うことができるようにする。
	思考力，判断力，表現力等	(2)　日常生活における人との関わりの中で伝え合う力を身に付け，思考力や想像力を養う。	(2)　日常生活における人との関わりの中で伝え合う力を高め，思考力や想像力を養う。
	学びに向かう力，人間性等	(3)　言葉で伝え合うよさを感じるとともに，言語感覚を養い，国語を大切にしてその能力の向上を図る態度を養う。	(3)　言葉がもつよさを認識するとともに，言語感覚を養い，国語の大切さを自覚し，国語を尊重してその能力の向上を図る態度を養う。

出所：各改訂版の特別支援学校学習指導要領および小学校学習指導要領をもとに筆者が作成。下線・二重下線は筆者が加筆。

156

いて開設される各教科および学校設定教科で構成されています。各学科
に共通する各教科は，国語，社会，数学，理科，音楽，美術，保健体
育，職業，家庭，外国語および情報の 11 教科で構成されています。外
国語と情報については，各学校の判断により，必要に応じて設けること
ができる教科です。その他の教科は，すべての生徒に履修させることと
なっています。主として専門学科において開設される各教科は，家政，
農業，工業，流通・サービスおよび福祉の 5 教科で構成されています。
また，学校設定教科は，学校が独自に設けることができる教科です。

4) 知的障害教育の特別な指導形態

指導にあたっては，各教科等の示す内容を基に児童生徒の知的障害の
状態や経験等に応じて，各学校で「生活に結びつく具体的な内容」を設
定する必要があります。「各教科等を合わせて指導を行う場合」と「各
教科等の別に指導を行う場合」の指導計画を横断的系統的な視点から十
分に関連付けを行い，実際的な状況下で体験的に活動できるように工夫
し，児童生徒一人ひとりが見通しを持って，意欲的に学習に取り組める
ようにすることが重要です。

「各教科等の別に指導を行う場合」は，「各教科，道徳科，外国語活
動，総合的な学習の時間（小学部を除く），特別活動及び自立活動」（以
下，各教科等）のそれぞれに，各教科等の時間を設けて指導を行う場合
を指します。「各教科等を合わせて指導を行う場合」とは，各教科の内
容だけでなく各領域の内容までを合わせて指導することを指します。

知的障害のある児童生徒は発達段階の差が大きく，障害の状態も一人
ひとり異なりますので，一般的な学習上の特性をふまえ，個人差に応じ
た集団的指導を進めるために，各教科等の全部または一部を合わせて授
業を行うことができる（学校教育法施行規則第 130 条第 2 項）とされて
います。この規定を根拠に，従前から「各教科等を合わせた指導」と呼

ばれる次の４つの指導形態が実践されてきました。①児童生徒の日常生活が充実し，高まるように日常生活の諸活動を適切に指導する「日常生活の指導」。②遊びを学習活動の中心に据えて取り組み，身体活動を活発にし，仲間との関わりを促し，意欲的な活動を育み，心身の発達を促していく「遊びの指導」。③児童生徒が生活上の目標を達成したり，課題を解決したりするために，一連の活動を組織的に経験することによって，自立的な生活に必要な事柄を実際的・総合的に学習する「生活単元学習」。④作業活動を学習活動の中心にしながら，児童生徒の働く意欲を培い，将来の職業生活や社会自立に必要な事柄を総合的に学習する「作業学習」の４つです。

　2017（平成 29）年学習指導要領で，小・中学校の各教科による学習とのつながりが重視されるようになったことから，今後ますます各教科等別の指導が試みられるようになっていくことが考えられます。知的障害のある児童生徒にわかる授業を提供するためには，実際の生活に即した学習活動による各教科等別の指導や，そのような活動題材での単元設定が行いやすい各教科等を合わせた指導が適切に計画されることも必要です。

（3）　知的障害教育の課題
1）通常の学級における知的障害教育の模索
　2016（平成 28）年度小学校・特別支援学校就学予定者（新第１学年）として 2015（平成 27）年度に市区町村教育支援委員会等の調査・審議の対象となった者の指定された就学先等の状況を見ると，学校教育法施行令 22 条の３に該当した児童 9,836 人のうち，公立小学校への就学を選択したものは，3,079 人（31.3%）でした。公立小・中学校における学校教育法施行令第 22 条の３の該当する児童生徒の在籍者数を見ると，

2016（平成 28）年 5 月 1 日現在で，小学校の知的障害特別支援学級に 10,857 人（該当児童の 74.0％），通常の学級に 583 人（同 4.0％），中学校の知的障害特別支援学級に 3,864 人（同 72.0％），通常の学級に 281 人（同 5.2％）が在籍していました。

　小・中学校等における知的障害教育の理解推進ならびに，知的障害児童生徒の学習特性とニーズに対応した教育の実施が急務です。特に通常の学級における知的障害児童生徒の指導にあたっては，個別に特別な指導内容等を設定することはできないことから，授業内での学習課題の最適化が必要です。児童生徒の学習課題が，他のクラスメートの学習課題との関係において，①同一課題・同一教材での学習，②同一課題・同一教材スモールステップでの学習，③同一課題・別教材での学習，④同一テーマ・別課題での学習，⑤別テーマ・別課題での学習のどの学習状況であるのか，①〜⑤のうち，どの状況なら通常の学級における授業への参加が可能なのかについて，共通理解が必要です。

　また，多様な学びの場の連続性を保障するためにも，「特別な学びの場」を有効に活用しながら，小・中学校等における効果的な知的障害教育のあり方を模索していく必要があります。知的障害のある児童生徒一人ひとりに個別に必要な合理的配慮の提供も十分に吟味される必要があります。

2) 交流及び共同学習の重要性

　「交流及び共同学習」が，「特別な学びの場」に固定されがちな知的障害児童生徒と障害のない児童生徒との「共に学ぶ」機会を保障する手段として挙げられます。「交流及び共同学習」活動の共同学習の側面が明確に意識され，知的障害教育の教育課程の一貫として，知的障害児童生徒が当該活動から何を学び取るのかを，同様に，障害のない児童生徒が，各自の学校の教育課程の一環として，何を学び取るのかを，それぞ

れの教育課程・指導計画の中で，確認され明示されることが重要です。

3）知的障害教育における自立活動

　他の障害種の教育における「自立活動」が，それぞれの障害に基づく種々の困難に直接的に対応しているのに対して，知的障害教育では，知的障害そのものへの対応は各教科で行われるものとされています。このため知的障害教育における「自立活動」の位置づけは，知的障害に随伴して見られる言語，運動，情緒・行動などの顕著な発達の遅れや特に配慮を必要とするさまざまな状態についての特別な指導を行う領域であるとされています。

　知的障害教育教科の指導内容が，発達段階 1 歳前後以上のものを示しているわけですので，それ以前の段階の指導が必要な児童生徒については，「教科等を合わせた指導」よりも「自立活動中心の指導」で，児童生徒の実態に即した指導が計画されることが望ましいといえます。また，それ以外の児童生徒の中にも，知的障害に併せ有する障害への対応が，生活に即した学習活動を受けとめるために必要な場合があります。個々の児童生徒の障害の状態等に応じて，①「自立活動」の時間の指導，②各教科等における「自立活動」の指導，③教科等を合わせた指導における「自立活動」の指導の 3 つの指導を吟味した指導計画が必要です。

4）合理的配慮の提供と知的障害者の自立―キャリア教育の充実

　障害者の権利に関する条約の批准に伴い，2016（平成 28）年 4 月に「障害者の雇用の促進等に関する法律の一部を改正する法律」が施行されました。雇用における障害を理由とする差別的取扱いが禁止され，事業主に，障害者が職場で働くにあたっての支障を改善するための措置（合理的配慮）を講ずることが義務づけられました。これにより，たとえば，知的障害のある人に合わせて，口頭だけでなくわかりやすい文

書・絵図を用いて説明することなどが，合理的配慮として提供されるようになり，職場における環境調整や支援の工夫が進んでいくことが期待されます。

したがって，必要な支援を受け止めて利用する力，必要な支援を周囲に求める力を知的障害のある児童生徒に育む教育実践が重要になります。知的障害のある人に必要な支援や環境調整を，その人の周囲の人たちが提供することができて，その人が職場や地域の営みに実質的に参加できるようになれば，その「場」でのその人の「自立」が成ったといえます。支援を受けて主体的に社会参加する力の育成が，知的障害のキャリア教育です。

注》

*1）たとえば，1914（大正3）年に行われた感化救済事業講習会で，滝乃川学園長の石井亮一が，重度の知的障害児は2歳くらいの知力程度，軽度の知的障害児であっても12歳程度を超えないとの講義を行いました。また，1935（昭和10）年の東京市『補助学級に関する調査資料』では，尋常科「6カ年間に履修すべき教科課程の標準は大体第3・4学年程度でまとまるように整理考察すること」と指導指針が述べられました。

*2）「バザー単元」は，青鳥中学校の新築校舎への移転を動機付けに，熱のこもった学習活動が展開されました。その後引き続き展開されたバザー単元とこの初年度のバザー単元とは，やや意気込みの違った学習活動であったといわれています。学校の校舎移転と開校式の実施が，子どもの学校生活に直接関わる大きな出来事であったことが，自分たちの学校を自分たちの手でつくるのだという強い関心と参加意欲を，生徒に沸き起こさせたのでしょう。このことこそが，バザー単元成功の理由であったと考えられます。この「バザー単元」は，4〜5月で「人と人とのつながり」がほぼ完成した生徒に，「人と道具のつながり」「人と物とのつながり」「複雑な人的交渉の経験」を学習させる，「製作」と「販売」を中心にし

たあらゆる社会生活の総合的長期学習で,「総合生活教育」と記述されました。

*3) 子どもの生活の文脈を大切にするということは,「学ぶ, 遊ぶ, 暮らす」ことがバランスよく教えられることです。将来の職業生活を視野に入れれば,「働き, 余暇を楽しみ, 暮らす」ことが文脈を構成する要素となります。初期の実践では, この要素が単元の中に含まれていました。

参考文献 ┃

・有馬正高監修『知的障害のことがよくわかる本』, 講談社, 2007

・藤原義博・柘殖雅義監修, 筑波大学附属大塚特別支援学校編著『特別支援教育のとっておき授業レシピ』, 学研教育みらい, 2015

・橋本創一・安永啓司・大伴潔・小池敏英・伊藤友彦・小金井俊夫編著『特別支援教育の新しいステージ　5 つの I（アイ）で始まる知的障害児教育の実践・研究』, 福村出版, 2019

・小宮山倭・飯田精一・藤島岳編『青鳥十年』, 東京都立青鳥養護学校, 1957

・栗田広・渡辺勧持（共訳）『AAMR 第 10 版（2002）米国精神遅滞協会　知的障害　定義, 分類および支援体系』, 日本知的障害福祉連盟, 2004

・三木安正『精神薄弱教育の研究』, 日本文化科学社, 1969

・望月勝久『戦後精神薄弱教育方法史』, 黎明書房, 1979

・文部科学省『特別支援学校学習指導要領解説総則等編（幼稚部・小学部・中学部）』, 教育出版, 2009

・文部科学省『特別支援学校学習指導要領解説自立活動編』, 海文堂出版, 2009

・文部科学省『特別支援学校教育要領・学習指導要領解説総則編（幼稚部・小学部・中学部）』, 開隆堂出版, 2018

・文部科学省『特別支援学校教育要領・学習指導要領解説自立活動編（幼稚部・小学部・中学部）』, 開隆堂出版, 2018

・文部科学省『特別支援学校学習指導要領解説各教科等編（小学部・中学部）』, 開隆堂出版, 2018

・文部科学省「平成 30 年度新特別支援学校高等部学習指導要領等説明会における文部科学省説明資料」, 文部科学省説明資料, 2019

http://www.mext.go.jp/a_menu/shotou/tokubetu/main/1386427.htm

- 文部科学省『小学校学習指導要領（平成 29 年告示）解説総則編』，東洋館出版社，2018
- 文部科学省『中学校学習指導要領（平成 29 年告示）解説総則編』，東山書房，2018
- 文部科学省初等中等教育局特別支援教育課「教育支援資料〜障害のある子供の就学手続と早期からの一貫した支援の充実〜」，2013
  http://www.mext.go.jp/a_menu/shotou/tokubetu/material/1340250.htm
- 名古屋恒彦編著『アップデート！　各教科等を合わせた指導―豊かな生活が切り拓く新しい知的障害教育の授業づくり―』，東洋館出版社，2018
- 中村満紀男・前川久男・四日市章編著『理解と支援の特別支援教育〈2 訂版〉』，コレール社，2009
- 日本精神神経学会監修，高橋三郎・大野裕監訳『DSM-5　精神疾患の診断・統計マニュアル』，医学書院，2014
- 杉田裕『総説精神薄弱教育』，日本文化科学社，1973
- 杉田裕監修・小杉長平編『青鳥二十年』，東京都立青鳥養護学校，1967
- 丹野哲也・武富博文編著『知的障害教育におけるカリキュラム・マネジメント』，東洋館出版社，2018
- 遠山啓『歩き始めの算数―ちえ遅れの子らの授業から―』，国土社，1972
- 渡辺健治・清水貞夫『障害児教育方法の探究―課題と論点―』，田研出版，2000
- 米田宏樹「日本における知的障害教育試行の帰結点としての生活教育―戦後初期の教育実践を中心に―」，障害科学研究，33, pp.145-157, 2009
- 吉田武男監修・小林秀之・米田宏樹・安藤隆男編著『特別支援教育―共生社会の実現に向けて―』，ミネルヴァ書房，2018
- 全国知的障害養護学校長会『新しい教育課程と学習活動 Q&A　特殊教育（知的障害教育）』，東洋館出版社，1999
- 全国特別支援学校知的障害教育校長会編著『知的障害特別支援学校における深い学びへのアプローチ「主体的・対話的で深い学び」の視点からの授業実践』，東洋館出版社，2019
- 全国特別支援学校知的障害教育校長会編著『知的障害特別支援学校の自立活動の指導』，ジアース教育新社，2018

〈演習問題〉

知的障害特別支援学級における特別の教育課程編成手続きについて説明しなさい。

〈解答例〉

特別支援学級の特別の教育課程の編成手続きは，「①必要な自立活動の指導内容を取り入れる。②各教科の習得状況や既習事項によって当該学年及び下学年の内容を適用する。③②が難しい場合には，知的障害各教科の適用を検討する。④卒業までに育成を目指す資質・能力を検討し，在学期間に提供すべき教育内容を十分見極める。⑤各教科の目標及び内容の系統性を踏まえ，教育課程を編成する。⑥その際，必要に応じて教科等を合わせた指導形態を取り入れ，教科別・領域別の指導形態による指導計画と教科等を合わせた指導形態による指導計画とを適切に組み合わせるようにする」となる。

※『小学校学習指導要領（平成 29 年告示）解説総則編』（東洋館出版）第 3 章-4-2-⑴-②「特別支援学級における特別の教育課程」（108-110 頁）などを参照してください。また，本印刷教材に示した学校教育法施行規則第 130 条第 2 項についても，施行規則の条項の文言を確認してください。

11 | 肢体不自由の理解と指導

任 龍在

《**目標&ポイント**》 脳性疾患（特に，脳性まひ）を中心に，肢体不自由の定義と原因，肢体不自由による生活や学習上の困難と配慮を整理するとともに，肢体不自由教育の現状と課題について整理・考察する。
《**キーワード**》 脳性まひ，筋緊張，不随意運動，児童生徒の障害の重度・重複化，自立活動，医療的ケア

1. 肢体不自由とは

（1） 肢体不自由の定義

　肢体不自由とは，先天的か後天的かを問わず，四肢の麻痺や欠損，あるいは体幹の機能障害があるため，日常の動作や姿勢の維持に不自由のあることをいいます（文部科学省，2013）。本書では，肢体不自由教育対象を選定する際の基準となる「学校教育法施行令第22条の3」と「平成25年10月4日付け25文科初第756号初等中等教育局長通知」を紹介します。

・特別支援学校の対象となる障害の程度

一　肢体不自由の状態が補装具の使用によつても歩行，筆記等日常生活における基本的な動作が不可能又は困難な程度のもの。
二　肢体不自由の状態が前号に掲げる程度に達しないもののうち，常時の医学的観察指導を必要とする程度のもの。

（学校教育法施行令第22条の3）

・特別支援学級の対象となる障害の程度

> 補装具によっても歩行や筆記等日常生活における基本的な動作に軽度の困難がある程度のもの
> 　　　　　　　　（平成 25 年 10 月 4 日付け 25 文科初第 756 号初等中等教育局長通知）

・通級による指導の対象となる障害の程度

> 肢体不自由の程度が，通常の学級での学習におおむね参加でき，一部特別な指導を必要とする程度のもの
> 　　　　　　　　（平成 25 年 10 月 4 日付け 25 文科初第 756 号初等中等教育局長通知）

　なお，「肢体不自由」は，1928（昭和 3）年頃，整形外科医である高木憲次が従来の「奇形・不具」に代わる用語として提唱したものであり，現在，教育や医療の分野ではもちろん，社会一般でも広く用いられています。

（2）　肢体不自由の原因
　肢体不自由の起因疾患別に見ると，肢体不自由教育の対象として最も多いのは「脳性まひ」をはじめとする脳性疾患であり，次いで筋原性疾患，脊椎・脊髄疾患，骨関節疾患，骨系統疾患，代謝性疾患などとなっています。近年，医療技術の進歩と社会認識の変化により，脳性疾患に起因する肢体不自由児（主に重度・重複障害児）の割合が相対的に高くなる傾向が特徴づけられます。起因疾患別の代表的なものとしては以下のようなものが挙げられます。

　・脳性疾患：脳性まひ，脳外性後遺症，脳水腫など

- 筋原性疾患：筋ジストロフィー[*1)], 代謝性筋疾患など
- 脊椎・脊髄疾患：脊柱側弯症, 二分脊椎[*2)], 脊髄損傷など
- 骨関節疾患：先天性股関節脱臼, 先天性内反足, ペルテス病など
- 骨系統疾患：骨形成不全症[*3)], 胎児性軟骨異栄養症, モルキオ病など
- 代謝性疾患：くる病, ハーラー症候群, マルファン症候群など
- 弛緩性まひ：ポリオ[*4)], 分娩まひなど
- 四肢の変形：上肢・下肢ディスメリー, 上肢・下肢切断など

出所：小林・米田・安藤（2018）

（3） 脳性まひ

脳性疾患で最も多く見られるのが, 脳性まひです。そのため, 肢体不自由教育の主たる対象は脳性まひであるといっても過言ではありません。本書では, 紙面の関係上, 脳性まひを中心に「肢体不自由児の理解と指導」について説明します。

1）脳性まひの定義

脳性まひとは, 受胎から新生児期（生後4週以内）の脳の非進行性病変に基づく, 永続的な, しかし変化しうる運動および姿勢の異常をいいます（安藤・藤田, 2015）。進行性疾患や一過性運動障害, または将来正常化するであろうと思われる運動発達遅延は除外します。

2）脳性まひの原因と発生頻度

脳性まひの原因は, **表 11-1** のとおりです。主な原因としては, 低出生体重（未熟児）, 重症黄疸, 低酸素脳症[*5)] の3つが挙げられます。しかし, これらの原因は医療技術の進歩により次第に減少しつつあり, 予防不能な原因不明または胎生期に原因のあるものの比率が徐々に増加しています。発生の頻度は, 出生児1,000名のうち1.5〜2名の割合です。

表 11-1　脳性まひの原因

胎生期：先天奇形，母体の慢性疾患，妊娠中毒，子宮内感染など
周産期：分娩外傷，重度仮死，低出生体重，重症黄疸，低酸素脳症など
新生児期：感染症，外傷，脳血管障害，けいれん発作など

出所：小林・米田・安藤（2018）

3）脳性まひの運動障害によるタイプ

　痙直型は，つねに筋緊張が高い状態にあり，そのため自分の思うように体を動かすことがむずかしいのが特徴です。拘縮，関節の変形，股関節脱臼をきたしやすい傾向があります。未熟児出生に伴う脳室周囲白質軟化症*6)（PVL）による本タイプが，脳性まひでは発生頻度が最多です。

　アテトーゼ型は，筋の緊張が安定せず変動し，姿勢が定まらずに崩れやすく，顔面や四肢の筋肉の不随意運動（動かそうとしていないのに勝手に動いてしまうような，自分の意思に反する異常な運動）が生じるのが特徴です。筋そのものは正常です。

　失調型は，筋緊張を一定に保てず，体を小刻みに震わせる状態で，姿勢保持，平衡感覚，協応動作等のための筋活動のコントロールがうまくできないのが特徴です。歩行開始時期が著しく遅れ，10歳過ぎまで初歩が見られない場合も多いです。

　混合型は，上記の2つ以上の型の特徴をあわせもつことをいいます。痙直型とアテトーゼ型が混じるタイプが多く，痙直型の次に発生頻度が多いといえます。現在，児童生徒の障害の重度・重複化に伴い，混合型の割合が相対的に増加する傾向にあるため，今後の肢体不自由教育においては，脳性まひのタイプよりも，筋緊張と不随意運動の障害特性の理解と対応に注目することが大切です。

4）脳性まひの随伴障害

　脳性まひは，肢体不自由（運動障害）を主症状として，知的障害，言

語障害，視覚障害，聴覚障害，てんかん，視知覚認知障害などをあわせ有する場合が多いです。

2．肢体不自由児の学習特性とニーズ

（1）　肢体不自由児の生活や学習上の困難
1）運動・動作の困難

　肢体不自由児（特に，脳性まひ）は，書写，食事，衣服の着脱，用便など，生活や学習上の運動・動作の全部または一部に困難がある場合が多いです。さらに，発話に関係する器官の運動障害による言語障害を伴う場合も少なくありません。これらの運動・動作には，起立や歩行のように，主に下肢や平衡反応に関わるもの，書写や食事のように，主に目と手の協応動作（まひがあって動かない，意図しない動きが入るなど）に関わるもの，物の持ち運びや衣服の着脱のように，上肢・下肢と体幹全体に関わるものがあります。

2）感覚や認知の困難

　肢体不自由児（特に，脳性まひ）は，視覚障害（屈折異常，斜視，眼振，弱視等）や聴覚障害（難聴等）を伴う場合があります。また，視覚認知の発達異常（目と手の協応動作の困難，図と地の弁別の困難，空間認知の困難）を伴い，物事の全体像を把握したり，多くの情報や複数の情報を同時に処理したりすることが困難である場合があります。たとえば，漢字を構成する図形の判別が困難になり，読み・書き障害に至る場合も少なくありません。このような視覚認知の問題は周囲から気づかれにくいといえます。

3）経験や体験の不足

　肢体不自由児は，運動・動作の制限による経験や体験の不足により，社会や自然等に対する理解が不十分になりがちです。また，経験や体験

の不足に感覚や認知の困難が介在して内容の理解を阻んでいることも考えられます。そのため，運動・動作の困難，感覚や認知の困難，経験や体験の困難は，それぞれが独立しておらず，多くの場合は関連しあいながら生活や学習上の困難として現れることに注目する必要があります。肢体不自由児の実態把握を行うときには，困難の原因を即断せずに慎重に検討することが大切です。

4）その他

脳性まひを含めて中枢神経に障害がある児童生徒は，転導性，多動性，統合困難，固執性などが見られることがあります。ただし，これらはすべての子どもに見られるものではなく，個人差もあるため，参考にする程度に留めるのが無難です。

（2）　肢体不自由児の生活や学習上の配慮

1）運動・動作の困難への配慮

肢体不自由児は，長時間同じ姿勢が続くことで，身体に痛みが出たり，皮膚の一部を傷めたり，関節の変形，拘縮，脱臼，側弯等を起こしたりする，など身体の二次問題が発生する場合が多いです。効果的な学習を行うために，まず，授業の中でも姿勢を変えたり，車椅子から床に降りたりすることが大切です。適切な姿勢を保持することは，疲労をためないようにするだけではなく，身体の操作も行いやすくすることにつながります。次に，補助的手段としては，座位姿勢安定のための椅子，作業力向上のための机，移動のための歩行器や車椅子，廊下や階段に取り付けた手すり，持ちやすいように握りを太くしたりベルトを取り付けたりしたスプーンや鉛筆，食器やノートを机上に固定する器具（滑り止めマットなど），着脱しやすいようにデザインされたボタンやファスナーを用いて扱いやすくした衣服，手すりを取り付けた便器など，児童

生徒のニーズに応じた物理的な環境整備が不可欠です。

2) 感覚や認知の困難への配慮

　肢体不自由児（特に，脳性まひ）は，課題を見たり聞いたりすること
に困難を感じる場合が多いです。こうしたときには，課題を提示すると
きに，注目すべき部分を強調したり，視覚や聴覚の情報を工夫したり，
視覚と聴覚の両方を活用できるように指導の内容と方法を工夫したりす
ることが大切です。たとえば，文字の構成をへんやつくりなど部分やま
とまりに分けて学習を行う，筆順に沿って運動の方向を言語化し視覚情
報を聴覚情報に置き換える，漢字の成り立ちなどを有意味化することで
長期記憶しやすくする，図形や全体像を指でなぞって触覚を活用する，
などの手立てを用いるなどです。また，文を組み立てることに困難のあ
る児童生徒について，具体的な操作を行いながら思考をつなぎ，継時的
に文章全体が確認できる手立て（たとえば，伝えたいことをメモにして
整理し，メモを並び替えて，相手に自分の気持ちが伝わるような文章を
組み立てる等）を用いた事例が報告されています。また，作文を始める
前に，概念図を描いたりする手立てもあります。

3) 経験や体験の不足への配慮

　肢体不自由児は，身体の動きに困難があるため，経験や体験が不足し
ている場合が多いです。このため，体験的学習を多く取り入れた指導の
内容と方法が有効です。経験や体験の不足から，内容の具体的なイメー
ジが浮かびにくかったり，登場人物の気持ちをイメージしにくかったり
することがよく見られます。こうしたときには，音読やロールプレイン
グなどを行い，話し言葉や具体物から理解を促す方法が有効です。しか
し，現場では，肢体不自由児の生活や学習上の困難の主たる原因が感覚
や認知の困難であるのにもかかわらず，経験や体験の不足を理由として
捉え，体験的学習に力を入れている教師が少なくないといえます。今

後，感覚や認知の困難を経験や体験の不足と誤解しないよう注意する必要があります。

4）AAC と ICT の活用

AAC（Augmentative and Alternative Communication：拡大代替コミュニケーション）と ICT（Information and Communication Technology：情報通信技術）は，肢体不自由教育において有効な手段の一つです。AAC と ICT の導入については，保護者，主治医，理学療法士，作業療法士等の関係者と事前相談することが大切です。

3．肢体不自由教育の現状と課題

（1）　特別支援学校（肢体不自由）の現状と課題
1）肢体不自由児を対象とする特別支援学校の増加傾向

「特別支援教育資料（平成 29 年度）」（文部科学省，2018）によれば，肢体不自由児を対象とする学校は，肢体不自由のみを対象とする学校（単置型）が 122 校，肢体不自由を含む複数の障害種を対象とする学校（併置型）が 228 校，合計 350 校となっています。近年，近距離通学の保障などに伴い，併置型の設置が一般化され，少人数の肢体不自由教育部門を有する特別支援学校が増加しています。このことから，特別支援学校（肢体不自由）は，少人数の肢体不自由教育部門を設ける学校に対して支援する必要があります。

2）児童生徒の障害の重度・重複化と教育課程の編成

「特別支援教育資料（平成 29 年度）」（文部科学省，2018）によれば，特別支援学校（肢体不自由）では，児童生徒の障害の重度・重複化が著しく，小・中学部全在籍者の約 75％[7]が重複障害学級に在籍しています。知的障害をあわせ有する肢体不自由児は，特別支援学校（知的障害）代替の教育課程や自立活動を主とした教育課程で指導することがで

172

きます。そのため，特別支援学校（肢体不自由）には，小・中学校等に
準ずる教育だけではなく，重複障害学級教育課程の編成・運営の専門性
が重要な課題であるといえます（詳細は，学習指導要領「重複障害者等
に関する教育課程の取扱い」を参照）。

3) 医療的ケアへの対応

「特別支援教育資料（平成29年度）」（文部科学省，2018）によれば，
特別支援学校（全障害種）には，医療的ケア（経管栄養，たんの吸引
等）を必要とする児童生徒が8,218名（全在籍者の6.0％）在籍してい
ます。特に，特別支援学校（肢体不自由）では，児童生徒のおおむね
20％が医療的ケアを必要としています。今後，特別支援学校（肢体不自
由）では，医療的ケアへの専門性を高めるとともに，授業（特に，自立
活動）との関連性を深めるための実践的検討を行う必要があります。

4) 高等部卒業後の進路状況

特別支援学校（肢体不自由）高等部卒業生の進路（**表11-2**）を見る

表11-2 特別支援学校（肢体不自由）高等部卒業生の進路

年度	卒業	進学	教育訓練機関等	就職	施設・医療機関	その他
2007（平成19）	1,967	27	70	152	1,336	382
2008（平成20）	2,223	38	77	262	1,649	197
2009（平成21）	2,278	28	71	251	1,727	201
2010（平成22）	2,619	41	100	253	2,106	119
2011（平成23）	2,778	47	88	332	2,150	161
2012（平成24）	2,785	42	99	293	2,238	113
2013（平成25）	1,772	42	49	126	1,465	90
2014（平成26）	1,790	42	51	116	1,480	101
2015（平成27）	1,829	49	32	106	1,553	89
2016（平成28）	1,838	47	43	102	1,565	81
2017（平成29）	1,856	57(3.1)	42(2.3)	94(5.1)	1,574(84.8)	89(4.8)

注：数字は人数，括弧内は比率（％）。
出所：文部科学省（2008〜2018）をもとに著者作成。

と，施設・医療機関が最も多く，おおむね85％を占めています。一方，進学の割合は年々増加していますが，3.1％（2017（平成29）年度）です。特別支援学校（肢体不自由）においては，小・中学校等に準ずる教育課程で学習している児童生徒がおおむね25％もいるので，進学は相対的に少ないことが示唆されます。今後，特別支援学校（肢体不自由）においても，大学進学を念頭にした上，教科指導に力を入れる必要があります。

5）地域の特別支援教育センターとしての役割

近年，特別支援学校（肢体不自由）には，地域の小・中学校等への支援（センター的機能）が求められています。小・中学校からの要請内容を見ると，運動・動作の困難（体育や美術など）に関することが多く，目に見えない，すなわち周りに気づかれにくい認知問題（視覚認知の発達異常等）に関することは相対的に少ない状況がうかがえます。特別支援学校（肢体不自由）には，地域の小・中学校等に対して「どのような支援ができるか」について整理し，積極的に発信する必要があるといえます。

（2）特別支援学級（肢体不自由）の現状と課題

1）特別支援学級数と在籍児童生徒数

小・中学校における特別支援学級（肢体不自由）数と在籍児童生徒数は，小学校で2,244学級，3,418名，中学校で790学級，1,090名，合計3,034学級，4,508名です（**表11-3**）。近年，近距離通学の保障などに伴い，学級数と在籍児童生徒数は年々増加していますが，特別支援学級（全障害種）の中で占める割合を見ると，統計的に有意味な増加とはいえません。しかし，今後も当分は学級数と在籍児童生徒数の増加が続くと思われるため，その推移に注目する必要があります。

表 11-3　肢体不自由特別支援学級数と在籍児童生徒数 (2017(平成 29)年度)

小学校		中学校		合計	
学級数	児童数	学級数	生徒数	学級数	児童生徒数
2,244 (5.4)	3,418 (2.0)	790 (4.3)	1,090 (1.6)	3,034 (5.0)	4,508 (1.9)

注：括弧内の数字は，特別支援学級（全障害種）総数のうちの特別支援学級（肢体不自由）数と在籍児童生徒数の割合（％）である。
出所：文部科学省（2018）をもとに著者作成。

2）児童生徒の障害の重度・重複化への対応

　現在，特別支援学級（肢体不自由）在籍児童生徒のうち，学校教育法施行令第 22 条の 3 に該当する中度から重度の児童生徒はおおむね 20％です。特別支援学級（全障害種）の約 2 倍に該当する数値です。また，2013 年の認定就学制度の改定により，在籍児童生徒の障害は一層重度・重複化，多様化しています。今後，この課題については，特別支援学級（肢体不自由）担任だけで対応することは限界があり，学校全体で取り組む校内支援体制の構築が必要です。通常学級や教科担当の理解と協力を得ることが前提条件です。

（3）　通級による指導（肢体不自由）の現状と課題

1）通級による指導を受けている肢体不自由児数

　特別支援教育資料（文部科学省，2012〜2018）によれば，2017（平成29）年度に通級による指導を受けている肢体不自由児数は，小学校 100名，中学校 24 名，合計 124 名であり，2011（平成 23）年度（小学校 6名，中学校 3 名，合計 9 名）と比べると，大きな変化が見られました（**表 11-4**）。都道府県別の児童生徒数を見ると，変化の背景がわかります。近年，通級による指導の充実に力を入れている千葉県（小学校 77名，中学校 19 名，合計 96 名）が大半数を占めており，千葉県の影響に

表 11-4　通級による指導を受けている肢体不自由児童生徒数の推移

年度	小学校	中学校	合計
2011（平成 23）	6	3	9
2012（平成 24）	16	1	17
2013（平成 25）	19	7	26
2014（平成 26）	35	5	40
2015（平成 27）	61	7	68
2016（平成 28）	69	23	92
2017（平成 29）	100（77）	24（19）	124（96）

注：括弧内の数字は，千葉県の児童生徒数である。
出所：文部科学省（2012〜2018）をもとに著者作成。

より，年々増加傾向にあることがうかがえます。

2）千葉県の取組み

　千葉県は，特別支援学校（肢体不自由）を通級による指導の設置校として指定する新たな挑戦をしてきており，その成果は全国的に注目されています。千葉県の取組みは，小・中学校等に特別支援学級や通級指導教室を設置する際の専門性確保の問題を解決したといえます。たとえば，千葉県立船橋夏見特別支援学校（肢体不自由）は，特別支援教育コーディネーターと通級による指導の担当者を「自立活動部」の中に所属させ，自立活動部の各担当の専門性を生かして展開できるように校内体制を構築しています。

3）通級による指導（肢体不自由）の課題

　通常学級に在籍している肢体不自由児の中で，通級による指導の件数が少ないことは，肢体不自由児の学習特性(特に，認知問題)に周りが気づかないまま放置している可能性を反証します。今後，千葉県の取組みなどをもとにし，特別支援学校(肢体不自由)の通級による指導のメリットとデメリットを明らかにし，より望ましいモデルを提案する必要があります。また，肢体不自由教育において通級による指導の拡大が遅れた

背景には，小・中学校等に在籍する肢体不自由児，教師，保護者の理解の不足が関連しているため，関係者の理解を高めることも課題といえます。

注》

*1）筋肉の機能に関与している遺伝子の異常によって発症し，小児期や青年期に筋力低下を引き起こします。最も多くみられるタイプはデュシェンヌ型筋ジストロフィーです。

*2）背骨の形に生まれつき異常があり，本来背骨の中の脊柱管にあるべき脊髄神経が骨の外にあるために，さまざまな神経障害がおこる病気です。

*3）先天的に骨が脆弱（ぜいじゃく）で，わずかな外力によって容易に骨折を起こす遺伝性の疾患です。

*4）脊髄性小児麻痺とも呼ばれ，ポリオウイルスによって発症し，手足の筋肉や呼吸する筋肉等に作用して麻痺を生じる疾病です。

*5）出産時に何らかの原因で，赤ちゃんの脳に酸素が十分に供給されなかったため，脳に損傷がある状態です。

*6）脳室周囲白質軟化症（periventricular leukomalacia：PVL）とは，低出生体重児が来たしうる，脳室周囲の白質に軟化病巣が生じる疾患です。

*7）特別支援教育資料は，2006（平成18）年までは学校種（視覚障害，聴覚障害，知的障害，肢体不自由，病弱）ごとに集計しましたが，2007（平成19）年以降は複数の障害種を対象としている学校はそれぞれの障害種ごとに重複してカウントしています。そのため，2007（平成19）年以降の特別支援学校（肢体不自由）小・中学部重複障害学級在籍率（2006年：75.3%，2017年：54.0%）が徐々に下がっているように見えますが，これは肢体不自由児を対象とする特別支援学校の増加傾向が原因であり，実際の在籍率に変化があるとは考えられません。そこで本書では，2006年（平成18）年の特別支援学校（肢体不自由）小・中学部重複障害学級在籍率である約75%を紹介します。詳細については，特別支援教育資料（文部科学省，2018）をご参照ください。

参考文献

・安藤隆男『改訂新版　特別支援教育基礎論』，放送大学教育振興会，2015
・安藤隆男・藤田継道『よくわかる肢体不自由教育』，ミネルヴァ書房，2015
・川間健之介・西川公司『肢体不自由児の教育』，放送大学教育振興会，2014
・吉田武男 監修，小林秀之・米田宏樹・安藤隆男編著『特別支援教育—共生社会の実現に向けて—』，ミネルヴァ書房，2018
・文部科学省「教育支援資料〜障害のある子供の就学手続と早期からの一貫した支援の充実〜（平成 25 年 10 月）」，2013
・文部科学省「特別支援教育資料（平成 19 年度〜平成 29 年度）」，2008〜2018
・国立特別支援教育総合研究所「肢体不自由のある児童生徒の障害特性に配慮した教科指導に関する研究—表現する力の育成をめざして—（平成 22 年度〜平成 23 年度）研究成果報告書」，専門研究 B，2011
・日本肢体不自由教育研究会『肢体不自由教育の基本とその展開』，慶應義塾大学出版会，2007
・日本肢体不自由教育研究会『専門性向上につなげる授業の評価・改善』，慶應義塾大学出版会，2009
・筑波大学附属桐が丘特別支援学校『肢体不自由教育の理念と実践』，ジアース教育新社，2008a
・筑波大学附属桐が丘特別支援学校『肢体不自由のある子どもの教科指導 Q & A—「見えにくさ・とらえにくさ」をふまえた確かな実践』，ジアース教育新社，2008b
・全国肢体不自由養護学校長会『特別支援教育に向けた新たな肢体不自由教育実践講座』，ジアース教育新社，2005

〈演習問題〉

2013 年の認定就学制度の改定により，就学先を決定する仕組みがどのように変わったのか，その特徴を述べなさい。

〈解答例〉

2013 年の認定就学制度の改定により，学校教育法施行令第 22 条の 3 に該当する中度から重度の児童生徒は特別支援学校に原則就学するという従来の就学先決定の仕組みを改め，本人の教育的ニーズ，保護者の意見，教育学，医学，心理学等専門的見地からの意見，小・中学校や地域の状況などをふまえた総合的な観点から就学先を決定する仕組みとなりました。

12 病弱・身体虚弱の理解と指導

丹野　傑史

《**目標＆ポイント**》　多種多様で個人差の大きい病弱・身体虚弱について解説をし，病弱・身体虚弱児が抱える学習上の特性やニーズ，病弱・身体虚弱教育の現状と課題について概説する。
《**キーワード**》　病弱，身体虚弱，慢性疾患，心身症，自立活動

1. 病弱・身体虚弱の定義と原因

（1）　病弱・身体虚弱の定義

　「病弱」とは慢性疾患等のため継続して医療や生活規制を必要とする状態，「身体虚弱」とは病気にかかりやすいため継続して生活規制を必要とする状態を表します（文部科学省，2013）。「病弱」，「身体虚弱」ともに一般的な用語であり，医学用語ではありません。また，いずれも状態が継続して起こる，または繰り返し起こる場合に用いられるものであり，たとえば風邪のように一時的に当てはまるような症状は該当しません。

　病弱特別支援学校の対象となる障害の程度が示されている学校教育法施行令第22条の3では，病弱・身体虚弱について「1　慢性の呼吸器疾患，腎臓疾患及び神経疾患，悪性新生物その他の疾患の状態が継続して医療又は生活規制を必要とする程度のもの，2　身体虚弱の状態が継続して生活規制を必要とする程度のもの」と定められています。かつては，「6ヶ月以上」の医療または生活規制を必要とする程度の者という規定がありましたが，医療等に要する期間の予見が困難になっていること，入

院期間の短期化および頻回化が見られることを受け，「継続して」という言葉に改められました（平成 14 文部科学省政令 163 号）。

（2）　病弱・身体虚弱の起因疾患の推移

　病弱・身体虚弱の起因疾患は，近代医学の発展とともに大きく変化してきました。明治期から 1960 年代にかけて，病弱・身体虚弱の主たる対象は結核でした。結核はかつて国民病と呼ばれ，長らく日本人の死因第 1 位であり，結核予防法（昭和 26 年 3 月 31 日法律第 96 号）の施行や化学療法の普及等による効果が現れる 1960 年代後半まで，結核が病弱・身体虚弱の多くを占めていました。たとえば，1969（昭和 44）年時点では，病弱養護学校在籍児の 36.5％が結核となっていました（全国病弱虚弱教育研究連盟・病弱教育史研究委員会，1990）。

　1970 年代に入ると，結核が激減し，気管支喘息のような呼吸器疾患，腎ネフローゼに代表される腎疾患といった慢性疾患が病弱・身体虚弱教育の主たる対象となりました。1979（昭和 54）年度より養護学校教育の義務制が開始されると，従来就学猶予・免除の対象となっていた，重症の筋ジストロフィー症児や重度・重複障害児が病弱養護学校に通学してくるようになりました。1990 年代前後になると，「腫瘍などの新生物（小児がん等）」や不登校等を含む情緒障害や心身症の児童生徒が病弱教育の対象となってきました。

　近年の病弱特別支援学校では，従来病弱・身体虚弱教育の主たる対象であった，喘息等の呼吸器系疾患，腎ネフローゼ等の腎臓疾患，筋ジストロフィー等の神経疾患の児童生徒は減少傾向にあります。一方で，小児がん等の悪性新物質，心臓病等の循環器系疾患，潰瘍等の消化器系疾患，アトピー性皮膚炎等の皮膚疾患が増加傾向にあります（深草・森山・新平，2017）。特に，心身症は，病弱・身体虚弱教育の対象として

最も多くを占めています。

（3） 病弱・身体虚弱の原因

　病弱・身体虚弱の原因は大きく分けると慢性疾患と精神疾患に分類することができます。このうち，慢性疾患について，厚生労働省が指定する「小児慢性特定疾病」は，2018（平成30）年7月現在16疾患群756疾病にも上ります。ここでは，代表的な疾患をいくつか紹介するとともに，精神疾患に分類される心身症について取り上げます。

1）悪性新生物

　悪性新生物とは，遺伝子変異により自律性をもって増殖を行うようになった細胞集団の中で，周囲の組織を破壊して発育し，血行やリンパを介して他の臓器に転移を起こす腫瘍（悪性腫瘍）のことを表します。近年では化学療法や薬物療法が著しく進歩し寛解率も高くなってきており，たとえば小児白血病のうち急性リンパ球性白血病では95％以上で，急性骨髄性白血病では80％以上で寛解が得られるようになっています（国立特殊教育総合研究所，2006）。

2）循環器疾患

　循環器疾患は，心臓の病気等が含まれます。小児の場合，心室中隔欠損・心房中隔欠損，肺動脈狭窄など生まれつき心臓の構造に異常のある先天性心疾患と，リウマチ熱や関節リウマチなどのリウマチ性心疾患，感染性心内膜炎等の後天性心疾患があります。心室中隔欠損については新生児検診や乳児検診で発見されることも少なくない一方で，心房中隔欠損については3歳児検診や，小学校入学時の検診で疑われて発見されることが多い病気です。

3）消化器疾患

　消化器疾患には，消化管，胆嚢，肝臓，膵臓などに潰瘍やがん，結石

ができたり，炎症を起こしたりする疾患が含まれます。近年では，内視鏡や治療技術の発達により，消化管の出血やポリープ，早期がんのように内科的な治療が可能になってきた病気もあります。

4）皮膚疾患

皮膚疾患の代表的な疾患に，アトピー性皮膚炎があります。アトピー性皮膚炎の多くは乳児期に発症し，寛解・悪化を繰り返しながら長期間持続し，痒みが強い湿疹であり，症状によっては強い苦痛を覚えます。幼児期では比較的軽症である一方で，学齢期になると軽症の患者が減り，中等症の患者が増加しているとの調査報告もあり，学齢期に悪化要因が存在する可能性が示唆されています（常俊・島，2003）。

5）呼吸器疾患

呼吸器疾患は，上気道，気管，気管支，肺，胸膜などの呼吸器に起こる疾患であり，気管支喘息，肺気腫のように長期間継続して治療が必要な慢性呼吸器疾患が病弱・身体虚弱教育の対象です。気管支喘息の80％は幼児期までに発症し，思春期までに70％が改善・治癒するといわれています。一方で，小児喘息は小中学生の約10％が罹患し，ここ20年で約3倍に増加したとの指摘もあります（日本アレルギー学会，2010）。

6）神経系疾患

神経系疾患の代表的な疾患である筋ジストロフィー症は筋肉が壊れていく疾患であり，手足などの運動機能に関わる筋肉が壊れることで，筋力が低下し運動機能など各機能障害が生じます。筋ジストロフィー症にはデュシェンヌ型，ベッカー型，福山型等の種類があり，多くがデュシェンヌ型となります。デュシェンヌ型筋ジストロフィーの多くは，小児期において歩き方がおかしい，転びやすいといった症状から発症が確認され，10〜12歳頃には車いす生活となり，20歳前後で心筋の筋力低

182

下に伴う心不全や，呼吸の筋力の低下による呼吸不全により亡くなると
いわれています。また，デュシェンヌ型筋ジストロフィーでは知的障害
を伴うこともあります。

7）腎臓疾患

腎臓疾患には，ネフローゼ症候群などが含まれます。腎臓は身体に溜
まった老廃物や余分な水分を濾過し尿として排出するなど，体液バラン
スの保持を司っているため，腎臓疾患の場合，血尿や尿タンパク，むく
みや高血圧を伴うこともあります。症状によっては薬物療法を行うこと
もありますが，根本的な治療法がないものもあり，基本的には長期間に
わたり食事制限や運動制限などの生活規制が課されることとなります。

8）心身症

最後に「心身症」について取り上げます。心身症とは，頭痛，腹痛，
動悸，食欲低下等の摂食障害といった身体症状や身体疾患の発症や経過
において，心理的社会的要因が密接に関係していることが見いだせる病
態のことを表します（日本心身医学会教育研修委員会，1991）。した
がって，特定の病名や特有の病態を示すわけではなく，神経症やうつ病
といった精神障害に伴う身体症状についても除外されます。心身症と診
断される児童生徒は，元々通常学級に通っている児童生徒が多く，不登
校経験，医療機関，心理相談等を経て，病弱特別支援学校に転入してく
る場合が多く見られます。心身症の児童生徒の多くは，身体面の不調を
訴えることが多く，自己理解や障害受容についても課題が見られます。
また，心身症の背景には発達障害や認知の問題等があることが多いこと
も指摘されています（石崎，2017）。そのため，心身症に対する教育や
治療においては，心理・社会的な要因への介入が必要不可欠であり，さ
まざまな関係者が協働して治療に当たることが求められます。

2．病弱・身体虚弱児の学習の特性とニーズ

（1）病弱・身体虚弱児の学習の特性

　病弱・身体虚弱児の多くは，健康状態の悪化や定期的な通院による欠席，慢性疾患の治療等の影響による日常生活の活動規制，急性期の入院・安静状態等の理由から，継続的な登校に困難を示します。そのため，病弱・身体虚弱教育は，**図 12-1** に示すように多様な場・形態にて行われています。病弱特別支援学校は，病院に隣接または併設されていることが多く，自校での教育に加えて，病院（ベッドサイドや病院内の教室）や施設，自宅等に訪問教育も行っています。病弱特別支援学級に

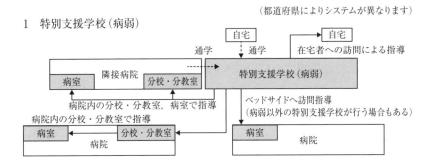

1　特別支援学校（病弱）

（都道府県によりシステムが異なります）

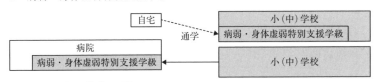

2　病弱・身体虚弱特別支援学級

図 12-1　病弱教育の場
出典：全国特別支援学校病弱教育校長会・国立特別支援教育総合研究所「病気の子どもの理解のために─「こころの病」編─」, p. 6, 2009

ついては，他の障害種同様小学校や中学校に設置される場合と，病院内に分教室として設置される場合があります。これらの学級等において，児童生徒は自身の病気や疾患の状況に応じて，教育を受けることとなります。

　しかしながら，転出入は必ずしもスムーズに行われるものではありません。たとえば，一時的な入院であっても，小・中学校等から病院内学級に転校となる場合があります。入学手続きに時間がかかり入院してすぐに登校することがかなわなかったり，入院直後や手術前後は安静が必要なために登校の許可が下りないこともあります。また，入院する病院によっては病弱特別支援学校あるいは病院内学級がなく，教育を受ける機会自体が存在しないこともあります。このような問題により，病弱・身体虚弱児の場合，学習単元の一部が未学習あるいは未定着となってしまう，「学習空白」が生じてしまうことがあります。加えて，病院での入院生活が長引くことや活動規制により，直接経験の不足や経験の偏りがみられることも指摘されています（武田・張・武田・岡田・櫻井・丸，2016）。なお，入院やそれに伴う転出入がない場合においても，断続的な欠席により「学習空白」が生じる可能性はおおいにあります。

（2）　病弱・身体虚弱児のニーズ

　病弱・身体虚弱児が抱える疾患は多種多様であり，日常的な服薬，治療方法，活動や食事の制限の程度等は一人ひとり異なります。どのような場合においても，重要となってくるのが心のケアになります。

　病弱・身体虚弱児の多くは入院を繰り返すこととなります。入院生活や入院に伴う治療は，痛みや不安，退屈との闘いであると同時に，「学校や家庭などの普通の生活」が送れなくなるストレスも感じることとなります（猪狩，2015）。入院を伴う場合，入院中は原籍校からの連絡が

途絶えがちになるため，本人はもちろん保護者にとっても不安になります。加えて入退院前後は，安静が必要なため，どうしても学習空白が生じてしまいがちです。学習の遅れや，諸々の不安要因の積み重ねから不登校に陥ってしまうこともあります。

　入退院の繰り返しや，生活規制に伴う活動量の低下，気管支喘息の場合は夜間の発作などにより，生活リズムも崩れがちになってしまう場合があります。また，転出入の繰り返しや断続的な欠席により，友人関係の構築がむずかしかったり，学習面での遅れなどの課題やそれに対する不安感などが生じやすくなることも考えられます。思春期になると，病気の理解が進むことにより，かえって自分の将来や病気の予後に対する不安を抱いたり，友人との比較から劣等感を抱いたりすることもあります。自己決定を尊重しながら，将来の自立に向けて注意深く対応していくこと，保護者や担任だけでなく，医療関係者や場合によっては心理士らがお互いに協働しながら，心の安定を図っていくことが必要となります。

（3）　病弱・身体虚弱児の指導

　病弱・身体虚弱児に対する指導を考える上で大事なこととして，学習空白に対する対応，病気や疾患の状況に応じた指導および支援，自立活動の指導の充実が挙げられます。

1）学習空白への対応

　病弱・身体虚弱児の多くは，欠席による授業時数の制約があります。また，病弱特別支援学校や病院内学級に転学してくる児童生徒は，転出入の時期，在籍期間，学習進度，場合によっては使用している教科書も異なる場合があります。そのため，転学前の学習状況を適切に把握するだけでなく，在籍期間や病気の回復状況も考慮し，在籍期間中に達成す

べき指導内容を精選し明確にする必要があります。その上で，限られた授業時間を効果的に活用していく必要があります。特に，病弱・身体虚弱児の場合，直接経験が不足していることも多いため，映像教材やICT機器の有効活用により，間接経験を充実させていく取組みも求められるといえます。ただし，学習空白を生まないように教科等の学習を行うことも重要ですが，入院や自分自身の体調，学習の遅れ，友人関係，将来といった不安に対する支援や配慮，時には自立活動の指導も重視していく必要があることはいうまでもありません。

2) 病気や疾患の状況に応じた指導および支援

慢性疾患児の場合，日常生活のさまざまな場面で規制がかかることもあります。学校は，「無理をして病気を悪化させてはいけない」という意識から特に体育や学校行事等への参加自体を制限してしまう方向に考えがちです。病気の管理という観点から制限をすることも大事ですが，「病気だから（できない）」ではなく，「どのように参加するか」「どのような配慮があれば活動が可能か」といった点について，本人，保護者あるいは医療関係者とともに考えていくことが大事です。

3) 自立活動の指導の充実

自立活動の指導は個々の幼児児童生徒が自立を目指し，障害による学習上または生活上の困難を主体的に改善・克服しようとする取組みを促す教育活動です。病弱・身体虚弱児の場合，健康状態の維持，生活リズムの確立，病気の理解等の「健康の保持」に関する内容，あるいは，さまざまな不安の軽減や病気の状態を改善，克服するための意欲の涵養に関わる「心理的な安定」に関する内容に着目しがちです。しかしながら，将来の自立や社会参加を考えると，それ以外の内容についても目を向けなければいけません。

たとえば，「身体の動き」の指導では，適度な運動や補助的な移動手

段の活用が必要となります。筋ジストロフィーの児童生徒の場合は，関節拘縮や変形の予防，あるいは筋力維持のための適度な運動が求められます。また，生活上の規制が必要な児童生徒の場合，病気の状態や移動距離，活動内容によって適切な移動手段を選択できるようになることも大切な学習です。いずれの場合においても，主治医や保護者と相談しながら，可能な範囲で身体機能の維持に努めること，教科体育（中学高校では保健体育）との役割の明確化が重要となってきます。

　「人間関係の形成」「コミュニケーション」の指導について，病弱・身体虚弱児の場合，幼少期から入退院を繰り返す場合もあり，常にストレスをためやすい状況にあります。両親と離れることの分離不安による睡眠障害や摂食障害，退行といった課題を示したり，治療や入院，生活規制による遊び体験の不足による社会性の発達の偏りが見られることもあります。また，小・中学校等と特別支援学校の転出入を繰り返すため，継続的な人間関係の形成がむずかしく，欠席が増えるにつれ，クラスで孤立したりする場合もあります。「人間関係の形成」「コミュニケーション」の指導を通じて，人との関わり方の基礎的な力の育成や，離れている友達との交流を促していくことが大切です。

　最後に，「環境の把握」についてです。心身症の児童生徒の中には，発達障害等の認知面に課題を抱えている場合があります。この場合，心身症にだけ着目しても指導の成果は上がりにくく，「環境の把握」を通じて，認知面の課題に対する指導が必要となってきます。

　ここまで，自立活動の指導について簡単に紹介してきました。自立活動は個々の児童生徒に応じて指導を行うものであり，必ずしも上記すべての指導が必要とは限りません。ここに挙げていない内容を必要とする児童生徒もたくさんいます。適切な実態把握を通じて，指導すべき課題を明確にするとともに，卒業後の姿を展望しながら，病気や疾患と向き

合うこと，自らの人生を主体的に切り開いていくための主体的な活動をすることが重要となります。

3. 病弱・身体虚弱教育の現状と課題

（1） 病弱・身体虚弱教育の現状

　表 12-1 には，病弱・身体虚弱教育の現状を示しました。病弱特別支援学校が最も多くなっており，病弱特別支援学級は一時期減少していましたが，1994（平成 6）年以降緩やかな増加傾向にあること，通級指導の対象は制度開始以降ほとんど増えていないことがわかります。

　通常学級に在籍する，病弱・身体虚弱児の詳細な調査は行われており

表 12-1　病弱・身体虚弱児の学びの場と在籍者等

	病弱特別支援学校数（分校）	児童生徒数（単一障害）	特別支援学級在籍数	通級指導を受けている児童生徒数
1979（昭和 54）	96（25）	7,767	4,606	
1984（昭和 59）	94（16）	7,014	3,674	
1989（平成元）	97（17）	5,139	2,164	
1994（平成 6）	98（16）	3,987	1,665	25
1999（平成 11）	95（16）	3,169	1,866	0
2004（平成 16）	92（15）	2,729	1,737	6
2007（平成 19）	106（16）	12,958（2,295）	1,826	24
2009（平成 21）	129（19）	12,749（2,027）	2,117	22
2011（平成 23）	138（19）	12,887（1,800）	2,270	50
2013（平成 25）	143（19）	12,719（1,764）	2,570	13
2015（平成 27）	145（16）	13,094（1,671）	3,030	18
2017（平成 29）	149（15）	12,464（1,528）	3,501	29

　注：特別支援学校数は幼小中高のいずれかの学部があれば 1 校，児童生徒数は小中の合計。
　出所：文部省「特殊教育資料」，文部科学省「特別支援教育資料」より著者作成。

ません。文部科学省の 2017（平成 29）年度児童生徒の問題行動・不登校等生徒指導上の諸課題に関する調査結果によれば，長期（30 日以上）にわたり欠席している児童生徒 217,040 人のうち，病気を理由とする者が 45,362 人（小学校 21,480 人，中学校 23,882 人）と，病弱特別支援学校に在籍する児童生徒より多くなっています。また，武田（2012）は，1991（平成 3）年度に厚生省が実施した「小児慢性特定疾患対策調査結果」の結果を分析し，小児慢性特定疾患の学齢児の 85.5％が小・中学校の通常学級で教育を受けていることを明らかにしています。すなわち，潜在的には相当数の病弱・身体虚弱教育の対象児が通常学級に在籍していると予想されます。

（2）　病弱・身体虚弱教育の課題

　病弱・身体虚弱教育の課題として，学習空白の解消，小中学校等の通常学級に在籍する病弱・身体虚弱児の実態の把握および支援方法の確立，自立と社会参加にむけた指導の 3 点を指摘します。

1)「学習空白の解消」

　病弱・身体虚弱児の場合は欠席や入院等により，学習の積み上げがむずかしい場合が多くあります。学校に登校できない児童生徒に対して，ICT 機器等を活用した教育の充実が考えられます。

　ここでは，先進的な取組みの一つとして，東京都立病弱特別支援学校が公益財団法人ベネッセこども基金の援助により展開している「院内学級の子どもたちの学び支援プロジェクト」について紹介します。同プロジェクトでは，分身ロボット Orihime（製作：株式会社オリィ研究所）を活用し，病室にいながら授業を受ける，退院後に前籍校に戻るための準備段階として Orihime を通常学級内に設置し前籍校の児童と交流を促す等 ICT を活用した学びのモデルの開発に取り組んでいます（ベ

ネッセ子ども基金, 2016)。従来であれば, 教師が病室まで出向いたり, あるいは児童生徒の体調が安定しなければ授業への参加がむずかしい状況にありましたが, Orihime を活用することにより, 児童生徒が病室から授業に参加することができるようになりました。Orihime に限らず, ICT 機器の活用により, 物理的な場が違っても学びの場を共有する道筋が見えてきたのです。病院内学級だけでなく, 不登校児童生徒に対する教育支援の場においても活用が広まっていくことが望まれます。

2) 通常学級に在籍する病弱・身体虚弱児の実態の把握および支援方法の確立

通常学級には病弱・身体虚弱児教育の対象となるべき児童生徒が多く在籍していることが推察されます。慢性疾患児の場合, 病気の理解等に関わる指導や支援が行われていない可能性があります。彼らの実態把握を進めるとともに, 病弱・身体虚弱教育で培ってきた専門性について地域の学校に還元していく必要があります。特に, 最近では小・中学校等においても医療的ケアを必要とする児童生徒が増加しています。医療的ケアの実施体制, あるいは医療的ケアを必要とする児童生徒への指導, 支援, 配慮の在り方等について, 本人はもちろん保護者や通常学校の教職員にも支援をしていく体制づくりが必要となります。

3) 自立と社会参加に向けた指導

医療の進歩により, 慢性疾患を抱える病弱・身体虚弱児も地域で生活し, 小・中学校等に通うようになりました。一方で, 退院後の学校適応に困難を示したり, 小児がん経験者が就職や就労継続に困難を抱えるケースも見受けられます。病弱・身体虚弱児のキャリア発達を考えたとき, 自らの疾患とどう向き合っていくのか, 病気の状態の理解や生活管理に関すること, 健康状態の維持・改善に関することといった自立活動の観点からの指導は非常に重要な要素となります。自立と社会参加に向

けた指導の充実，特に自立活動の視点をふまえたキャリア教育の充実が
求められているといえます。

引用・参考文献

・ベネッセ子ども基金『「アニュアルレポート 2016 年度」特集 3　院内学級の子ど
　もたちの学び支援プロジェクト』，ベネッセ子ども基金ホームページ（https：
　//benesse-kodomokikin.or.jp/doc/ar/annualreport2016_3.pdf）（2018 年 12 月
　25 日閲覧）
・深草瑞世・森山貴史・新平鎮博「精神疾患及び心身症のある児童生徒の教育に関
　連した疫学的検討—全国病弱虚弱教育研究連盟の病類調査報告を含む—」，国立
　特別支援総合研究所ジャーナル，第 6 号，pp. 12-17, 2017
・猪狩恵美子「通常学級における病気療養児の教育保障に関する研究動向」，特殊
　教育学研究，第 53 巻 2 号，pp. 107-115, 2015
・石崎優子「子どもの心身症・不登校・集団不適応と背景にある発達障害特性」，
　心身医学，第 57 巻 1 号，pp. 39-43, 2017
・国立特殊教育総合研究所『慢性疾患，心身症，情緒および行動の障害を伴う不登
　校の経験のある子どもの教育支援に関するガイドブック』，国立特殊教育総合研
　究所，2006
・文部科学省「教育支援資料〜障害のある子供の就学手続と早期からの一貫した支
　援の充実〜」，2013
・文部科学省「平成 29 年度児童生徒の問題行動・不登校等生徒指導上の諸課題に
　関する調査結果について」，2018
・日本アレルギー学会「アレルギー疾患診断・治療ガイドライン」，2010
・日本心身医学会教育研修委員会『心身医学の新しい診療指針』，心身医学，第 31
　巻 7 号，pp.537-573, 1991 年
・武田鉄郎「病弱教育の現状と今日的役割」，障害者問題研究，第 40 巻 2 号，pp.
　107-115, 2012
・武田鉄郎・張雪・武田陽子・岡田弘美・櫻井育穂・丸光惠「小児がんの児童生徒
　の教育的対応と教員の困難感に関する研究—小児がん拠点病院内教育機関を対象
　に—」，和歌山大学教育学部紀要．教育科学，第 66 巻，pp. 27-34, 2016

・常俊義三・島正之「学童の有症率とその関連要因についての研究」(「アトピー性皮膚炎の患者数の実態及び発症・悪化に及ぼす環境因子の調査に関する研究 学童の有症率とその関連要因についての研究」) 免疫アレルギー疾患予防・治療等研究事業研究報告書 (平成 12 (2000) ～14 (2002) 年度厚生労働科学研究費補助金先端的厚生科学研究分野 免疫アレルギー疾患予防・治療研究, 研究代表者：山本昇壮), 2003 年
・全国病弱虚弱教育研究連盟・病弱教育史研究委員会『日本病弱教育史』, 日本病弱教育史研究会, 1990
・全国特別支援学校病弱教育校長会・国立特別支援教育総合研究所「病気の子どもの理解のために―「こころの病」編―」, 2009

〈演習問題〉

近年の病弱特別支援学校では, 心身症の児童生徒の在籍が多くなっており, 彼らに対する対応が病弱・身体虚弱教育の1つの課題となっています。心身症を抱える児童生徒に対する教育について, 留意すべき点について述べなさい。

〈解答例〉

心身症等の児童生徒は, 長期間の欠席や不登校, さまざまな相談機関における相談を経て病弱特別支援学校あるいは病弱特別支援学級にたどり着くことが多くあります。心身症等の児童生徒は身体面の不調を訴えますが, その背景には心理的社会的問題が密接に関係していること, 児童生徒によっては発達障害や認知面の課題等が関与していることもあります。したがって, 心身症等の児童生徒を指導する際には, 身体面や心理的なケアはもちろん, 適切な実態把握に基づき, 自立活動の指導を丁寧に行うことが重要になります。また, 自立活動の指導を通じて本人の自己理解や障害受容を促すだけでなく, さまざまな関係者が協力しながら周囲も含めた指導, 支援を展開していくことが求められます。

13 | 自閉症・情緒障害の理解と指導

岡崎　慎治

《**目標＆ポイント**》　本章では，自閉症（自閉スペクトラム症）・情緒障害への教育について次のキーワードから概説する。
《**キーワード**》　自閉症（自閉スペクトラム症，ASD），情緒障害，学習上の困難，障害の理解，指導・支援の方法

....

1．定義と原因

　特殊教育から特別支援教育の流れにおいて，長らく自閉症と，選択性かん黙，不登校など，原因や特性，指導や支援の方法を同じくしない状態は，「情緒障害」としてまとめて取り扱われてきました。一方で，通常の学級における特別な教育的支援を必要とする児童生徒への注目が高まる中で，子ども自身の教育的ニーズに応じた指導，支援を行うことが求められてきました（野呂，2016）。その中で，2006（平成18）年4月に施行された「学校教育法施行規則の一部を改正する法令」において「自閉症」と「情緒障害」が明確に区別されました。ここではまず，自閉症と情緒障害それぞれの定義について確認します。

（1）　自閉症／自閉スペクトラム症

　自閉症の教育的な定義としては，2013（平成25）年10月に示された，文部科学省「教育支援資料〜障害のある子供の就学手続と早期からの一貫した支援の充実〜」にある，以下の定義を挙げることができます。

194

　「自閉症とは，①他人との社会的関係の形成の困難さ，②言葉の発達の遅れ，③興味や関心が狭く特定のものにこだわることを特徴とする発達の障害である。その特徴は，3歳くらいまでに現れることが多いが，小学生年代まで問題が顕在しないこともある。中枢神経系に何らかの要因による機能不全があると推定されている」

　自閉症（autism）は自閉性障害（autistic disorder）や小児自閉症（infantile autism）などとも呼ばれてきた，対人関係面の問題を中心とした発達障害です。以前は知的発達の遅れを伴う場合が主に支援の対象とされていましたが，特別支援教育の進展に伴い知的発達の遅れを伴わない場合を高機能自閉症（High-Functioning Autism；HFA）としたり，表面的な言語発達に遅れのない場合にアスペルガー症候群（Asperger Syndrome；AS）と呼ばれてきました。現在の医学的な定義としてはアメリカ精神医学会の精神疾患の診断と統計マニュアル第5版（DSM-5；American Psychiatric Association，2013；日本精神神経学会，2014）において，これらの状態像はすべて自閉スペクトラム症（Autism Spectrum Disorder；ASD）にまとめられています。また，限局性学習症や注意欠如多動症等とともに，神経発達に何らかの問題があることが想定される，神経発達症群／神経発達障害群（Neurodevelopmental Disorders）の1つに位置づけられています。

　DSM-5におけるASDは，①社会的コミュニケーションおよび相互関係における持続的な障害（他者と関わるための能力や実際の関わり方に特異性が見られ，その結果，人間関係の発展や維持に困難が見られること），②限定された反復する様式の行動，興味，活動（ある行動を繰り返し行うこと，同じであることを強く求めたり興味関心が極端に狭くかつ強いこと，ある感覚に対して極端に敏感・鈍感であったりすることにより本人が生きづらさを感じていたり，発達の可能性を狭めているこ

と），③発達早期の発症（発達早期の段階で必ず症状は出現するが，その時点では障害の存在がわかりにくい場合もあり，後になって明らかになるものもある），④その症状により社会，職業，生活に大きな支障を来している，ことから定義されています。この考え方を理解する上で，経緯としての DSM-5 以前の DSM-Ⅲ から DSM-Ⅳ までにおいて，生得的・先天的な脳の成熟障害によって発生する広汎な領域に及ぶ発達上の問題や障害として，広汎性発達障害（Pervasive Developmental Disorder；PDD）という概念が用いられていたことも知っておくべきです。また，その行動特徴・人間関係・コミュニケーションの特徴を表す用語として，ローナ・ウィング（Wing, L.）による「ウィングの3つ組（三徴候）」，すなわち，①社会性の障害，②コミュニケーションの障害，③想像力の障害とこだわり行動・常同行動が提唱されていることも，ASD を理解する上では重要なことといえます。あわせて，もう一つの世界的な疾患の診断基準である世界保健機関（WHO）による診断基準である国際疾病分類第 11 版（International Classification of Diseases 11th Edition；ICD-11, WHO, 2018）でも，Autism Spectrum Disorder が定義されており，日本語訳としても同じく自閉スペクトラム症の用語が提案されています。

（2）　情緒障害

　情緒障害については，文部科学省「教育支援資料」（2013）では，次のように規定されています。

　「情緒障害とは，状況に合わない感情・気分が持続し，不適切な行動が引き起こされ，それらを自分の意思ではコントロールできないことが継続し，学校生活や社会生活に適応できなくなる状態をいう」

　これに関して髙橋（2018）は，さまざまな外的・内的な要因により喚

起される感情，もしくはさまざまな感情を喚起する外的・内的な要因において特異性があり，その結果，不適切と考えられる行動が持続し，社会的な不適応状態になると考えられると指摘するとともに，情緒に関連した不適応状態そのものは誰にもありうるものとしています。その上で情緒障害として考えられるポイントとして，①喚起される感情の特異性や感情を喚起する外的・内的要因の特異性としての頻度や強度，持続時間や質あるいは量が通常のレベルと比して著しく異なること，②そのような特異性によって不適応状態が慢性化していることであるとしています。文部科学省「教育支援資料」においては，主として心理的な要因による情緒障害のある子どもの場合，具体的には以下のような状態が生じることが多いとされます。

・食事の問題（拒食，過食，異食など）

・睡眠の問題（不眠，不規則な睡眠習慣など）

・排せつの問題（夜尿，失禁など）

・性的問題（性への関心や対象の問題など）

・神経性習癖（チック，髪いじり，爪かみなど）

・対人関係の問題（引っ込み思案，孤立，不人気，いじめなど）

・学業不振

・不登校

・反社会的傾向（虚言癖，粗暴行為，攻撃傾向など）

・非行（怠学，窃盗，暴走行為など）

・情緒不安定（多動，興奮傾向，かんしゃく癖など）

・選択性かん黙

・無気力

あわせて同資料では，これらの具体的な行動上の問題は，幾つかが組み合わさって現れることがほとんどであると述べられています。例とし

て，日常的に失敗経験が多く，叱責を受けることが多い場合は，行動が抑制されて無気力な状況が生じやすくなり，その結果，学校内での孤立や学業不振，あるいは怠学といった問題が生じることが挙げられています。また，子どもの年齢や周囲の状況によっても，生じる問題も異なってくることから，具体的に現れている状態だけでなく，環境との相互作用についても分析することが重要であるとされています。

　歴史的な経緯について，村中（2017）では，情緒障害教育への関心が高まっていた 1970 年代に医療関係者の治療対象とされた状態像として吃音・かん黙，習癖異常，神経症，心身症の 4 つの症例が取り上げられていたと述べています。また，1983 年の全国情緒障害教育研究会の資料では自閉，登校拒否，習癖異常，かん黙の 4 つが紹介されていると述べています。そしてこのいずれでもかん黙が取り上げられていることと，教育関係者では自閉と登校拒否（不登校）が特徴で，この 2 つは現在も学校現場の課題であることに変わりはないと指摘しています。現在の文部科学省「教育支援資料」（2013）でも，具体的な状態像について，主に選択性かん黙と不登校が取り上げられています。

1）選択性かん黙

　選択性かん黙とは，一般に，発声器官等に明らかな器質的・機能的な障害はないにもかかわらず，心理的な要因により，特定の状況（たとえば，家族や慣れた人以外の人に対して，あるいは家庭の外など）で音声や言葉を出せず，学業等に支障がある状態とされます。自閉症等とは異なるものの，コミュニケーション能力の発達に軽微な問題がある場合が多いことに留意する必要があるとされます。

　原因としては，生来の対人緊張や対人不安の強さがあり，集団に入るとその不安が増強することで身を固くして防衛しているということがあるとされ，そうした対人緊張の強さの背景要因には，知的障害や自閉症

198

があることも珍しくないことから，多方面からの調査を基にした総合的
な判断が必要であることに留意する必要があります。なお，医学的な診
断基準として国内でも用いられている DSM-5 では，不安症群の中に選
択性かん黙が定義されており，ICD-11 では不安または恐怖関連症群の
中に場面かん黙として定義されています。「選択性」と「場面」はいず
れも英語の selective の訳語ですが，「選択性」という語が本人の意思で
場面や相手を選んでいるような受け取られ方になりがちな点への指摘か
ら，「場面」の訳語が望ましいという指摘があります。

2) 不登校

　図 13-1 のように，1,000 人当たりの不登校状態にある児童生徒の数
は小学校，中学校とも増加傾向にあります。不登校の要因はさまざまで

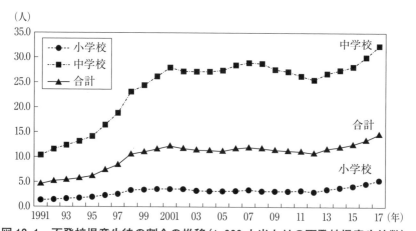

図 13-1　不登校児童生徒の割合の推移(1,000 人当たりの不登校児童生徒数)
注：調査対象……国公私立小・中学校（小学校には義務教育学校前期課程，中学校
　　には義務教育学校後期課程および中等教育学校前期課程，高等学校には中等教
　　育学校後期課程を含む）
出所：文部科学省「平成 29 年度児童生徒の問題行動・不登校等生徒指導上の諸課
　　題に関する調査結果について」(2018) より抜粋。

すが，情緒障害教育の対象としての不登校は，心理的，情緒的理由により，登校できず家に閉じこもっていたり，家を出ても登校できなかったりする状態を指します。そして，本人は登校しなければならないことを意識しており，登校しようとするができないという社会的不適応になっている状態であることが多いといえます。そのため一般的には，怠学や学校の意義を否定するなどの考えから意図的に登校を渋る場合は，学校に登校しないという状態は類似しても，ここでいう情緒障害の範囲には含まれません。不登校には，生活リズムの安定や自我，自主性の発達を促し，家族間の人間関係の調整を図るための指導や配慮などが必要といえます。

3）その他

偏食，夜尿，指しゃぶり，爪かみなどさまざまな状態は，多くの人々が示すことではありますが，そのことによって集団生活への適応が困難である場合，情緒障害教育の対象となることがあります。なお，広義の情緒障害に含まれている非行は，従来，情緒障害教育の対象となっていないことに留意する必要があります。加えて日本の情緒障害教育の枠組みは海外とは異なることにも留意すべきといえます。アメリカにおいては同種の教育対象は情緒・行動障害（Emotional or Behavioral Disorders；EBD）として，情緒や行動の問題が通常のレベルを過度に逸脱し，長期化し，社会文化的に不適応にある状態（Hallahan, Kauffman, Pullen, 2018）とされています。またイギリスでは社会性，情緒，行動困難（Social, Emotional and Behavioral Difficulties；SEBD）として，社会性，情緒や行動が彼ら自身や家族の成長発達を妨げるほどの標準から大きく逸脱している状態と定義されています（村中，2017）。

2. 学習の特性とニーズ

（1） 自閉症／自閉スペクトラム症

　自閉スペクトラム症は，過去には環境要因や心理的要因に焦点が当てられ，保護者の育て方やしつけの問題とされたことがありましたが，現在ではその背景に生物学的要因があるとする指摘が支持されています。一方で知的発達の遅れの有無を含め個々の状態像が大きく異なることから，対応の個別性が重視されるべきといえます。

　生物学的要因を背景とした自閉スペクトラム症の学習に関わる特性として，医学的な定義である DSM-5 における自閉スペクトラム症の定義の主要な要素である2点から述べていきます。

1) 社会的コミュニケーションおよび相互関係における持続的な障害

　他者と関わるための能力や実際の関わり方の特異性として，コミュニケーションの意図や社会的な目的でコミュニケーションを行うことへの関心の不十分さが指摘されています。コミュニケーション手段の代表である言語の使用が限定的であったり独特であったりするとともに，重篤な場合には言語の使用そのものが困難である場合もあります。社会的コミュニケーションの困難の背景としては，他者と自分とが同じ対象への注意を向けることを共有するという協同注意（Joint Attention）の困難も指摘されています。これには指さしや視線など，非言語的なコミュニケーションも含まれます。言語理解や表面的な言語的コミュニケーションには問題がない場合を中心に，言葉を使用する場面によってその意味が変化することへの気づきの弱さとそれにともなうコミュニケーションの困難さを語用論（pragmatics）の問題とする指摘があります。

2) 限定された反復する様式の行動，興味，活動

　ここに含まれる状態像は，その多くが「こだわり行動」としてまとめ

られます。ある行動を繰り返し行ったり，同じ言葉を繰り返し言ったりという状態は，常同行動（Stereotyped Behavior）とよばれ，感覚や知覚の独特さが背景にあると考えられています。行動としては手やものをぐるぐる回す，手をひらひらさせる，体を揺らす等が挙げられ，視覚障害児者にみられる常同行動に似ている場合があります。聞いた言葉をおうむ返しのように繰り返し言う行動は，エコラリアとよばれます。同じであることを強く求めることは，同一性の保持要求と呼ばれ，状況・行動・文脈が，その人にとって最初に出会ったときと全く同じ要素で成り立っていなければ同一とはみなされないために起きると考えられており，周囲が変更しようとしても強い抵抗を示すことが多いとされます。興味関心の狭さ，強さという状態は，同じ発達段階にある子どもが興味があることに興味を示さない一方，特定の事柄に強く興味を示し没頭，執着するかたちで現れることが多く，同一性の保持要求と同様に周囲からの変更に強い抵抗を示すことが問題になりがちです。見方を変えればこの状態はある事柄への注意の過集中ともいえ，興味関心の狭さ・強さがある領域における突出した能力につながる場合もあり，そのような状態をサヴァン症候群とよぶこともあります。また，視覚や聴覚，触覚といった感覚の独特さは，状況によって敏感さとしても鈍感さとしても現れることから，感覚の感受特異性があると表現されます。このような感覚の独特さの一端が，共感覚（synesthesia）として現れることもあります。共感覚とは，神経系の働きにより，ある刺激が別の種類の刺激への感覚を引き起こすことで，たとえば数字・文字・音が特定の色や味の感覚を引き起こしたり，曜日や日付が特定の性格を持つように感じられたりすることを指します。

3) 心理機能に関する仮説

　近年では ASD 児者の心理行動特性の多様性を説明するための統一的

な仮説の提唱がなされてきています。その代表としてここでは以下の3つを取り上げます。

①実行機能

実行機能（Executive Function；EF）は，遂行機能とも訳される，さまざまな認知機能を統合，制御する高次の認知機能を指し，脳の前頭葉が担うと考えられています。主なものとして，物事の計画を立てること，状況に応じて物事の捉え方や扱い方，判断を柔軟に変えること，行動を抑制すること，情報を一次的に頭に留め，入れ替えたり組み合わせたりすること（ワーキングメモリ），新しい行動を生み出すこと，行動を振り返って評価することなどが含まれます。このような実行機能の困難が，新しい行動を生み出しにくいこと，活動の種類が限定的だったり同じ行動様式の繰り返しになったりすること，イメージする力が限定的だったりすることといった，こだわりの強さの背景として考えられています。

②中枢性統合

中枢性統合（Central Coherence）とは，脳の情報処理のスタイルが，一般的には物事の細部よりも全体をまとめ上げることを優先する傾向にあることを指します。自閉スペクトラム症がある場合，全体の統合よりも細部の情報処理が優先されるため，細部の把握は良好な一方で全体像を捉えることが困難な行動特徴につながっていると仮定されています。この仮説は弱い中枢性統合（Weak Central Coherence）仮説と呼ばれます。

③心の理論

心の理論（Theory of Mind）とは，自分あるいは他者のこころの状態（心的状態）を適切に推測し，自分や他者の行動や相互の関係性を良好にする働きを指します。行動に現れないその人の信念や意図，知識の有

無や程度を推測することを求める点で，自閉スペクトラム症における社会的コミュニケーションの困難の背景として心の理論の障害が想定されています。言語能力や知的能力が高い自閉スペクトラム症児者であっても，物語文の読解において文中に示されない登場人物の心情を推測することの困難としても表面化しがちです。

（２）　情緒障害

　情緒障害に含まれる状態像の特徴は，外向性／外在化障害（Externalizing Disorders）と，内向性／内在化障害（Internalizing Disorders）の２つの枠組みでまとめることができます。

　外向性の問題とは，周囲からの介入や支援がなければその行動自体が本人への不利益と，周囲の人への迷惑や支障を生じるもので，離席，教室からの抜けだし，集団逸脱行動，反抗，暴言，暴力，反社会的行動，非行，性的逸脱行為などの状態で現れるものを指します（文部科学省，2013）。攻撃性を示す場合も多く，その攻撃性が自分に向かった場合，自傷行為となります。自傷は，それ単独では，周囲に迷惑をかけるものではありませんが，攻撃性という視点から，外向性の行動問題と考えるのが一般的です。その意味で，青年期女子に多い，手首を刃物で傷つける手首自傷（リストカット）も，外向性の行動問題に含められます。問題の発生プロセスからの観点では，注意欠如多動症（ADHD）に見られる衝動性と，反抗挑発症（ODD）や素行症（CD）に見られる破壊性に大別されます（Hallahan, Kauffman, Pullen, 2018）。医学的な定義では非行も含まれますが，狭義の情緒障害教育では非行を含まないことに留意する必要があります。この場合，周囲に向けられた行動によりその人が不適応状態に至っていると考えることができ，周囲に向けられるがゆえに学校などで気づきにつながりやすく，問題視もされやすいといえます。

　内向性の問題とは，それ自体は周囲に迷惑や支障を生じないもので，不安や抑うつ等の自分自身の中に起こるプロセスから特徴づけられる状態です。話さない（かん黙），集団行動・社会的行動をしない，不登校，ひきこもりなどの状態で現れます。指しゃぶりや爪かみなどの習癖，身体を前後に揺らし続けるなどのような同じパターンの行動の反復（常同行動），自分の髪の毛を抜く（抜毛）などは，その多くは単なる習慣性の癖と考えられるものですが，長期間頻回に続き，学校での学習や集団行動に支障を生じるほどの場合には，情緒障害として捉え，支援の対象として考えられます。まばたきや瞬間的な首振りの短時間の反復など（チック）は，現在では身体疾患と考えられていますが，不安や緊張感などで増強することが知られており，そうしたストレス状況で増強・長期化している場合には情緒障害が影響を与えていると考えることもできます。チック自体が情緒障害ということではありませんが，過度の音声チックや運動チックがある場合，トゥレット症の診断がなされる場合もあります。また，感情・気分の不安定さが強い時には，腹痛や気分不快などの身体的訴えを生じることもあることに関連して，不登校の初期，腹痛等を認めることはまれではありません。不安や抑うつ，感情の平坦化・不適切な社会的認知といった状態は，パニック症などの精神面の困難を背景に行動に現れる場合もあります。

　これらの状態はある状態が単独で存在することはほとんどないと考えられ，発達障害など他の状態像との複雑な重複，合併がある場合が多いといえます。そのため，情緒障害の状態に応じた教育・指導：多様な情緒障害の状態に応じた教科指導とともに，心理的な安定等を目標とする指導を行うことが望ましいといえるでしょう。

1）早期からの教育的対応の重要性

　図 13-2 は，アメリカにおける情緒・行動障害への教育的支援につい

年齢／ 発達レベル	就学前	小学期	中学期	青年期／ 成人期

情緒・行動障害のリスクを高める要因 ───────────────────────→

	就学前	小学期	中学期	青年期／成人期
	貧困，虐待，ネグレクト，きつい言動，ルールの一貫性のなさ，養育者の物質濫用，暴力を目にする環境，学校の否定，家族の犯罪行為，家庭崩壊	大人や権威への反抗，仲間への攻撃性，問題解決スキルの不十分さ，学校への準備状態の不足，教師の不適切な対応，効果的ではない教示	不登校，社会的排除，学校でのトラブルや犯罪行為，アルコールを含む物質濫用	学校中退や落第，暴力／非行，物質濫用，ギャング集団への加入，成人としての犯罪行為，生活保護への依存

できるだけ早い，かつ多くのリスク軽減要因となる教育的支援としての提供（ ↗ ）

リスクを軽減し適切な発達を育む要因 ───────────────────────→

	就学前	小学期	中学期	青年期／成人期
	養育者の養育支援，向社会的行動を観察する機会の提供，学校や教育への肯定的態度，家族の安定性，ルールの一貫性	大人や権威に従う経験，学校への準備，他者との肯定的な相互関係，問題解決スキルの促進，温かく受容的な教師，効果的な教示	学校日課への出席，社会的および学業的な成功体験，他の子どもや教師との良い関係，課外活動への関与	学校での成功体験／卒業，構造化された活動への関与，地域活動への参加，物質濫用の回避

図 13-2　年齢／発達レベルの各段階において情緒・行動障害あるいは向社会的行動に関連する要因

出所：Hallahan, Kauffman, Pullen（2018）より引用。

て，年齢や発達レベルの各段階において情緒・行動障害に関連，すなわちリスクを高める要因，あるいは向社会的行動に関連する要因，すなわちリスクを軽減する要因がまとめられた図です。どのような時期や発達段階であっても，子どもの困難さや苦しみへの気づきがなされた時点で教育的対応を行うことが望ましいといえます。理想的には，適切な時期

に早期から成長を促すための適切な対応が重要です。たとえば，選択性かん黙への対応でいえば，周囲が話さないことだけに着目し過ぎて，何とか話させようという働きかけが多くなり，このような働きかけが，逆に緊張と萎縮を生じさせてしまうことがあり，対人恐怖やひきこもりなどの二次的な不適応を引き起こす場合もあることに留意すべきです。また，その子どもを，話をしない子どもと見なし，周囲の子どもにもそのような印象を与えてしまい，不適応状態を持続させてしまうことも起こりえます。意図的に話をしないのではなく，場面によって意図的に話ができない状態であるという視点から，その子どもの緊張や不安が緩和できる環境調整や働きかけが重要です。

2）障害の理解に関する養育者等への支援の重要性

　情緒障害のある子どもは，学校生活や社会生活への不適応状態が継続することにより，他の子どもから離れてしまうと同時に，子どもの保護者も他の保護者から孤立してしまう傾向が見られるという指摘があります（文部科学省，2013）。**図 13-2** のリスクを軽減し適切な発達を育む要因にもあるように，子どもがどのような年齢や発達レベルにあっても，保護者や養育者の支援の観点は重要です。保護者の悩みや抱えている課題などを十分に聞き取りながら，教育相談担当者をはじめとする関係者が，保護者とともに支援の方向性や具体的な支援の内容などを検討していくことが大切です。その際には，個別の教育支援計画を活用した関係機関（通園施設，保健所・保健センター，その他の専門機関）等との連携を図りながら，支援の筋道を明確にできるようにしていくことが必要です。

3．教育の現状と課題

（1）　特別支援学校，特別支援学級・通級による指導

　小・中学校において，発達障害である自閉スペクトラム症などと，情緒障害としての心因性の選択性かん黙などのある子どもを対象とした支援は，それぞれの児童生徒の特性や困難の程度に応じ，さまざまな場とかたちで行われています。通常の学校においては，通常の学級および自閉症・情緒障害特別支援学級，自閉症・情緒障害通級指導教室が担っています。知的障害を伴う場合など，より強い支援ニーズがある場合には，特別支援学校が支援の場となることもあります。なお，2006（平成18）年4月に施行された「学校教育法施行規則の一部を改正する法令」において「自閉症」と「情緒障害」が明確に区別されたことに伴い，2009（平成21）年2月の「「情緒障害者」を対象とする特別支援学級の名称について（通知)」により，自閉症・情緒障害特別支援学級の名称に一本化されました。

　特別支援学級では，情緒障害のために，通常学級での教育では十分に成果が期待できない子どもが在籍して，基本的には通常の学級と同じ教科等を学習しています。それらに加え，自閉症などの子どもは，対人関係の形成や生活に必要なルールなどに関することを学習しています。また，選択性かん黙などの子どもは，心理的安定や集団参加に関することを学習しています。

　通級による指導の対象は，自閉症などと選択性かん黙などの情緒障害と明確に分けて示されています。通級による指導では，対象の子どもは，通常の学級でほとんど授業を受けられるので，それぞれに対して，短時間ですが，特別支援学級と同じような内容を学習しています。

　自閉症等および情緒障害の教育では，特別支援教育コーディネーター

を中心とし，校長のリーダーシップのもと，校内委員会などによる対応が行われています。また，学校だけでなく，保護者も一体化した支援体制を構築するとともに，学校医，スクールカウンセラー，スクールソーシャルワーカーなどが活用されています。

（2）　自閉スペクトラム症

　自閉スペクトラム症のある子どもについては，言語の理解と使用や，場に応じた適切な行動などができるようにするための指導等，特性に応じた支援が行われています。また，環境調整の観点から，自閉スペクトラム症のある子どもに見られがちな特有の感覚への配慮として，イヤーマフの教室での使用を認める等の，音への感受特異性への配慮などが，支援側の過度な負担にならない範囲で行われてきています。必要に応じて，室内等の掲示物や装飾など，刺激になりうるものを減らし，集中力を高め，わかりやすい校内表示，日課の表示などの施設整備も行われています。子ども自身に混乱が生じた（パニック）際に，刺激が少ない環境で気持ちを落ち着けられるような場（クールダウンスペース）を確保することも行われています。近年では，このような整備は通常の学級でも行われてきており，支援や配慮をクラス，学年，学校全体で考える中で，教育のユニバーサルデザイン，授業のユニバーサルデザインといった考え方が提唱され，実践もされてきています。

　自閉症・情緒障害特別支援学級，自閉症・情緒障害通級指導教室等，より専門的な対応がなされる場においては，個々の特性に応じた支援としては，他者とのコミュニケーションに関する指導が行われます。知的障害の有無にかかわらず，コミュニケーションが音声言語に限らずサイン言語や絵，写真カード，文字，ICT機器等，子どもの実態把握に応じたさまざまなコミュニケーション手段を使えるようになることが目標

とされます。そのための子ども自身の好みや興味関心，周囲とのコミュニケーションに関するニーズ等の実態把握が重要です。表情や文脈といった，言葉にしにくいコミュニケーションの手がかりへの気づきを促すような関わりも，ソーシャルスキルトレーニングとよばれる社会性を高める指導支援で重要視されます。また，上記の環境調整は，自閉スペクトラム症におけるこだわりの強さへの配慮と考えることができますが，そこではこだわりをなくすのではなく，不適切なこだわりを減らし，適切なこだわりに置き換えるという視点や考え方が重要です。

（3）　情緒障害

　主として心理的な要因による選択性かん黙などがある子どもについては，安心できる雰囲気の中で情緒の安定のための指導が行われています。観点としては自閉スペクトラム症への支援で述べたような配慮や環境調整は，情緒障害への支援でも有用な観点といえます。不登校等による学習空白に配慮しつつ，基礎的・基本的な学力を身に付けることなど，個々の子どもによって指導目標や指導内容，指導方法が異なることにも留意が必要とされています。また，就学先決定に際しては，選択性かん黙，不登校，多動，常同行動，チックなどが見られる子どもへの教育内容・方法の決定については，情緒や社会的適応の状態を十分に考慮し，医療・相談機関等との連携を密にして，慎重に進める必要があるとされています。特に，成人と同じような不安神経症，強迫神経症などの状態を示す子どもも見られるので，発達レベルを考慮しながら，医療機関等との連携を十分に図る必要があります。

　不登校のうち，自閉症・情緒障害特別支援学級または通級による指導（自閉症・情緒障害）の対象となる子どもは，心理的な要因の関与が大きく，社会的不適応と見なされる状態であり，その原因はさまざまであ

り，その対応は一人ひとりの子どもの実態等により異なるという観点が
重要です。

参考文献

・Hallahan, D.P., Kauffman, J.M., Pullen, P.C.（Eds.）*Exceptional learners an intro-duction to special education 14th edition.* Pearson, 2018
・岡本邦広「自閉症・情緒障害特別支援学級」，日本 LD 学会編『発達障害事典』，丸善出版，pp.162-163, 2016
・村中智彦「情緒障害の概念に見られる臨床的意義」，上越教育大学研究紀要，37（1），pp.119-128, 2017
・野呂文行「自閉症・情緒障害の発達」，「自閉症・情緒障害者の社会参加と自立」，筑波大学特別支援教育研究センター，前川久男・四日市章編『特別支援教育における障害の理解［第 2 版］』，教育出版，pp. 152-159, 2016
・髙橋甲介「自閉症・情緒障害の理解と教育」，吉田武男監修，小林秀之・米田宏樹・安藤隆男編著『特別支援教育―共生社会の実現に向けて―』，ミネルヴァ書房，pp.119-130, 2018
・文部科学省「教育支援資料～障害のある子供の就学手続と早期からの一貫した支援の充実～」，2013
http://www.mext.go.jp/a_menu/shotou/tokubetu/material/1340250.htm（2019年 4 月 12 日閲覧）
・文部科学省「平成 29 年度児童生徒の問題行動・不登校等生徒指導上の諸課題に関する調査結果について」，2018
http://www.mext.go.jp/b_menu/houdou/30/10/1410392.htm（2019 年 4 月 12 日閲覧）

〈演習問題〉

自閉症・情緒障害への教育的支援について必要な観点についてまとめなさい。

〈解答例〉

自閉症・情緒障害としてまとめられる状態像は非常に多彩であるため，それぞれ

の児童生徒の特性や困難の程度に応じ，さまざまな場と形で行われる必要があります。発達障害等の重複も多いと考えられることから，特別支援教育コーディネーターを中心とした校内の支援体制構築，校内外の関係者の連携により支援の筋道を明確にできるようにしていくことが必要といえます。

14 | 言語障害の理解と指導

| 藤井　和子

《**目標＆ポイント**》　言語障害教育の主な対象である構音障害，吃音，話す聞く等言語機能の発達の遅れについて概説するとともに，自立活動の視点から言語障害教育について説明する。
《**キーワード**》　児童生徒の学習上または生活上の困難の明確化，自立活動，通級による指導と各教科等の指導との関連

1. 言語障害とは

　言語障害とは，文部科学省（2013）によれば，「発音が不明瞭であったり，話し言葉のリズムがスムーズでなかったりするため，話し言葉によるコミュニケーションが円滑に進まない状況であること，また，そのため本人が引け目を感じるなど社会生活上不都合な状態であること」をいいます。この定義では，発音の不明瞭さや話し言葉のリズムがスムーズでないことが問題であるというより，発音の不明瞭さ等による相手とのコミュニケーションの困難，社会生活上の困難に着目していることがわかります。

　田口（1966）は，「特に子供の場合には，現在の日常生活におけるコミュニケーション能力に見られる障害だけを見ていては，ことばの機能の重要な一面を見逃すことになる。常にその子供の将来の知能・性格・情緒・適応などの成長を見越して，その過程において話しことばの能力の果たす役割を考慮して判断することが必要である」と述べ，子どもの将来にわたる成長を見据え，そこにおける言葉の役割を考えて現在の指

導を行うことが言語障害教育の視点であるとしています。岡本（1985）
は，障害児といわれている子どもたちのほとんどが，大なり小なり言語
発達上の困難を示し，それが子どもの発達のさまざまな面に影響してい
くとして，障害を少しでも早期に発見し，その子どもの「発達のなかの
ことば」という視点で「その子の言語の活動をどう守り育てていくか」
を考えることが重要であると述べています。

　以上のことから，言語障害教育では，言語障害のある児童生徒が自ら
学び成長していくことをいかに支えていくか，という視点を重視してい
ると考えられます。

　学校における言語障害教育は，特別支援学級や通級による指導を中心
として行われてきています。言語障害については，「障害のある児童生
徒等に対する早期からの一貫した支援について」（平成 25 年 10 月 4 日
付け 25 文科初第 756 号初等中等教育局長通知）において規定されてお
り，特別支援学級（言語障害）の対象となる障害の程度は，「口蓋裂，
構音器官のまひ等器質的又は機能的な構音障害のある者，吃音等話し言
葉におけるリズムの障害のある者，話す，聞く等言語機能の基礎的事項
に発達の遅れがある者，その他これに準じる者（これらの障害が主とし
て他の障害に起因するものではない者に限る。）で，その程度が著しい
もの」，通級指導教室（言語障害）は，「口蓋裂，構音器官のまひ等器質
的又は機能的な構音障害のある者，吃音等話し言葉におけるリズムの障
害のある者，話す，聞く等言語機能の基礎的事項に発達の遅れがある
者，その他これに準じる者（これらの障害が主として他の障害に起因す
るものではない者に限る。）で，通常の学級での学習におおむね参加で
き，一部特別な指導を必要とする程度のもの」となっています。この規
定に従って，以下，構音障害，吃音，話す，聞く等言語機能の基礎的事
項の発達の遅れについて述べます。

（1）　構音障害

　構音障害とは，日本語の話しことばにある特定の語音を，多少とも習慣的に誤って発音するものであり，語音の"置換"，"省略"，"ひずみ"などのタイプがあります（田口，1966）。

　原因によって，器質性構音障害と機能性構音障害に分けられ，器質性構音障害は，構音器官の形態や機能の異常が原因の構音障害で，代表的なものとして口蓋裂によるものがあります。教育支援資料（文部科学省，2013）によれば，口蓋裂は胎生期における，口蓋（場合によっては口唇）の形成が不完全なために呼気が鼻に漏れ共鳴異常を起こしたり，発語時に必要な口腔の内圧が得られないことから構音に異常が生じたり，口腔の内圧が得られないままで学習した結果，誤った構音が習慣化しているものです。発語時に必要な口腔の内圧を高める機能が不十分なままで構音指導を行っていても正常な構音は獲得されず，子どもの負担が大きくなりますので，口腔器官の形態，機能の状態について，当該の子どもが診療を受けている医療機関に確認することが重要です。

　機能性構音障害は，聴覚，構音器官の形態や機能に明らかな問題がなく，原因が特定できない構音障害であるとされています。子音は，およそ6，7歳頃に完成するといわれており，比較的習得の遅い音としては，サ行音，ツ，ザ行音，ラ行音等が挙げられます。発達の途上にある幼児においては構音の習得に個人差があり，小学校の低学年では，まだ子音の習得が不十分な状態の子どももいます。構音指導では，正しい音の認知や模倣，構音器官の運動の調整など構音の改善に関わる指導が行われます（文部科学省，2018a）。

（2）　吃　音

　吃音とは，発話時に音の繰り返しやつかえ等の症状が生じ，言葉の流

暢さが損なわれる状態を指します（大橋，2004）。小林（2009）は，言葉が「どもって」しまう発話の問題（吃音の言語症状）には，大きく①核となる吃音の言語症状と②周辺的な発話の問題の２種類があるとしています。核となる吃音の言語症状は，吃音がある人にのみ特徴的に見られる非流暢な発話であり，語の一部や語音の繰り返し（連発），語音の引き伸ばし（伸発），語音のつまり（ブロック，難発）があり，単語の一部分や語音が言いにくくなることが共通していると述べています。周辺的な発話の問題は，吃音がある人にも吃音がない人にも共通して見られる非流暢な発話を指し，単語や句の繰り返し，挿入，言い直しや訂正であるとしています。発話の非流暢性のほか，話そうとするときに唇や舌を震わせる，口元をゆがめる，腕を振る，足を踏みしめるなどの症状，どもりやすい音を避けて言い換えたり表現を変えたりするような反応が見られることもあります。

　吃音のある子どもに対する指導では，上記のような言語症状や身体症状に注意が向きやすくなりますが，子ども自身が吃音についてどのように感じているかを把握することが重要です。話したくてもうまく言葉が出てこない経験を重ね，自分に自信を持てない状態や，不安を感じていても「大丈夫」と言って，不安を表明できない状態にいることもあります。保護者や学級担任，そして他の子どもたちが，吃音そのものや吃音のあるその子どもをどのように理解しているか，といった観点からも実態把握を行い，その子どもの吃音の状態について丁寧に捉えることが必要です。

（３）　話す，聞く等言語機能の基礎的事項の発達の遅れ

　文部科学省（2016）によれば，言語には，事物の内容や自分の考え・意図を伝える機能，相手に行動を促す機能，言語そのものを語るメタ言

語機能などがあり，生涯を通じて個人の自己形成に関わるとともに，文化の継承や創造に寄与する役割を果たすものです。そのため，学校では，言語に対する関心や理解を深め，言語に関する能力の育成を図る上で必要な言語環境を整え，各教科等において児童生徒の言語活動を充実させることが重視されています（文部科学省，2016）。

　話す，聞く等言語機能の基礎的事項の発達の遅れのある状態は，個々によって異なり多様です。各教科等の学習を進めていく過程において，①コミュニケーション態度の育成やコミュニケーション意欲の向上を必要とする子ども，②言語活動の楽しさを学ぶ必要がある子ども，③実際の生活場面での使用を課題とする子ども，④話す，聞く，読む，書くなどの言語スキルの向上を図る必要のある子どもがおり，検査や観察等の結果を参考として，個々の子どもの言語機能について的確に把握するように努めることが大切です（文部科学省，2013）。

2．言語障害の学習特性とニーズ

（1）　言語障害の学習特性

　言語障害があることによる学習上または生活上の困難がある児童生徒が，自ら各教科等の学習を進めていくことを支える際，いくつかの視点をふまえることが必要です。

1）話すことに対する不安や恐れ

　構音障害や吃音等により，話すことに困難のある児童生徒は，授業中の音読や討論・討議等の活動の際に，言葉が出てこなかったり，正しい発音で話せなかったりして笑われたり，話し方を真似されたりする経験をしていることがあります。さらに，自分の発言内容を教師や他の児童生徒に正しく受け止めてもらえない経験をしていることもあります。これらの経験は，話すことに対する不安や恐れ，そして，あきらめにつな

がることがあります。学習内容はよく理解できていて，自分の考えを発表したいという気持ちはあっても，笑われるのではないか，無視されるのではないかという思いが先行し，話すことに対する不安や恐れを抱きながら，各教科等の学習に臨んでいる場合があることを理解する必要があります。

2）各教科等の学習活動そのものへの参加困難

　たとえば，国語の時間に全員で順番に教科書を音読する場面では，吃音のある児童生徒は，自分が音読する順番がいつ回ってくるのか，どの文を読むことになりそうか，その文は何という音から始まることばか，順番が回ってきたときにタイミングよく言葉が出てくるのかどうかが気になり，他の児童生徒の音読の様子に注意を向けたり，教科書の内容を理解しながら聞いたりするといった学習活動ができにくくなることがあります。さらに，学習グループで話し合う場面では，言葉が滑らかに出てこないことを察した他の児童生徒に，自分が言いたいことを代弁されて悔しい思いをしたり，発言に時間がかかってしまうと相手を待たせてしまうので申し訳ないという気持ちを感じていたりすることがあります。このような気持ちが強くなることによって，やはり，各教科等の学習そのものに注意を向けることがむずかしくなったりすることもあります。

3）言葉の問題の大きさと言語症状の程度は一致しない

　言語障害の症状が目立っても気にせずよく話す児童生徒もいれば，言語障害の症状が小さくても強く気にしている児童生徒もいます。言語症状の大きさを基準に困難の状態を理解するのではなく，話すことについて児童生徒自身がどのように感じているかは個々によって異なるということを前提に，困難の状態を把握する必要があります。

　言語障害の指導について考えるとき，ジョンソン（1967）は，「ことばの障害や話し手のことだけでなく，あるいはそれよりもむしろ話しこ

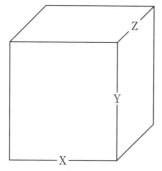

X＝話しことばの特徴
Y＝聞き手の反応
Z＝話し手の反応

図14-1　ジョンソンの話しことばの問題の図
出所：田口，1974

とばの“問題”を扱うことになる」と述べています。話しことばの問題
は，（1）話しことばの特徴（X），（2）その特徴に対する聞き手の反応
（Y），（3）その特徴と聞き手の反応に対する話し手の反応（Z）の3つ
の要素から構成される三次元の図形によって表されます（**図14-1**）。3
つの要素のそれぞれの大きさは，話し手の状態，聞き手の状態，言語症
状の状態によってさまざまに変化し，X・Y・Zの値が大きいほどその
問題は重症ないし複雑なものになります。ことばの問題は，言語症状の
大きさだけによって生じるものではなく，聞き手の態度に対して話し手
がどのように感じているかによって大きく影響を受けるものであると考
えることが必要です。「話すこと」は，聞き手の存在があって成立しま
す。したがって，学級担任や保護者も話しことばの問題を構成する要因
になることがあり，家庭での保護者との関わりや教室での学級担任との
関わりが，障害による学習上または生活上の困難の改善・克服に重要な
役割を担っていることから，学級担任や保護者はともに聞き手としての
あり方を十分に検討し合う必要があります。

4）可視性の高い問題への対応が重視されやすい

　構音障害や吃音の症状の有無は表面上わかりやすく，保護者や学級担任は，言語障害があること自体には気づきやすいものです。そのため，構音障害や吃音等の症状があることが問題であり，症状がなくなれば問題はなくなると考えてしまうことがあります。しかし，たとえば，構音障害を主訴とした児童生徒において，読みの困難や語彙の獲得における困難をあわせもっていることがあります。そのことによって，各教科等の学習につまずきがみられることがあり，本人はこちらのほうに困難を感じていることがあります。しかし，学級担任や保護者の主訴である構音障害や吃音に着目するあまり，各教科等の学習や生活上の困難が見逃されてしまうことがあります。

（2）　ニーズへの対応

1）学校における言語環境の整備

　言語能力の育成を図るためにまず重視されるのは，言語環境を整えることです。教師の関わり方は言語環境の一部として特に重要です。2017（平成 29）年告示小学校学習指導要領解説総則編では，①教師は正しい言葉で話し，黒板などに正確で丁寧な文字を書くこと，②校内の掲示板やポスター，児童に配布する印刷物において用語や文字を適正に使用すること，③校内放送において，適切な言葉を使って簡潔に分かりやすく話すこと，④より適切な話し言葉や文字が用いられている教材を使用すること，⑤教師と児童，児童相互の話し言葉が適切に用いられているような状況をつくること，⑥児童が集団の中で安心して話ができるような教師と児童，児童相互の好ましい人間関係を築くことなどに留意をする必要があるとしています。

2) 特別の指導としての自立活動

　言語障害による学習上または生活上の困難の実態は，個々の児童生徒によって大きく異なっています。したがって，言語症状以外の多様な側面からも情報を収集して「ことばの問題」（ジョンソン，1967）を整理し，各教科等を学ぶ主体であるその児童生徒が，各教科等の学習を進めていくときにどのような困難があるのか，どのような知識・技能・態度習慣等を身に付けるとよいのかを判断することが重要です。そして，その困難を改善・克服するために各教科等の指導だけではむずかしい場合，特別の教育課程を編成し，特別の指導を行うことができます。

　特別の指導について，特別支援学級では，2017（平成29）年告示小・中学校学習指導要領において，特別支援学校小学部・中学部学習指導要領第7章に示される自立活動を取り入れることが明記されました。通級による指導では，「小学校，中学校，義務教育学校，高等学校又は中等教育学校における障害に応じた特別の指導は，障害による学習上又は生活上の困難を改善し，又は克服することを目的とする指導とし，特に必要があるときは，障害の状態に応じて各教科の内容を取り扱いながら行うことができるものとすること」（平成28年12月9日「学校教育法施行規則第140条の規定による特別の教育課程について定める件の一部を改正する告示」（平成28年文部科学省告示第176号））とされました。これまで，通級による指導とは，「障害の状態に応じ，障害による学習上又は生活上の困難の改善・克服を目的とした指導，すなわち特別支援学校における自立活動に相当する内容を有する指導を行い，特に必要があるときは，障害の状態に応じて各教科の内容を補充するための特別の指導，いわゆる各教科の補充指導を含むもの」とされていましたが，各教科の補充指導が，単なる各教科の学習の遅れを補充するための指導ではないことが，改めて確認されました。

　自立活動では，障害の種別に指導内容があらかじめ設定されているのではなく，個々の児童生徒の実態の的確な把握に基づき，特別支援学校学習指導要領に示される自立活動の個別の指導計画の作成と内容の取扱いに従って設定します。言語障害のある児童生徒の実態は多様であるからこそ，特別支援学校学習指導要領を参考に，個々の特別の教育的ニーズを明らかにすることが重要です。その際，発達検査や知能検査，視覚・運動機能の発達を評価する検査や質問紙による性格検査，社会生活能力検査，親子関係を診断する検査や言語発達の状態を調べる検査等を活用し，個々の言語機能について的確に把握すること（文部科学省，2013)，教室における各教科等の学習の様子や支援の様子，学力の実態についても把握することが必要になります。指導形態としては，個別指導が多いですが，小集団でゲーム等を行いながら発話を促すなどの指導を行うこともあります。また，楽しみながら会話や学習に取り組めるコンピュータや発音・発語の学習のためのソフトウェアを整備すること，話すことの意欲を高める指導やカウンセリングも必要とされています（文部科学省，2018a)。

3）各教科等と自立活動との関連を図る

　特別支援学校小学部・中学部学習指導要領総則によれば，「学校における自立活動の指導は，障害による学習又は生活上の困難を改善・克服し，自立し社会参加する資質を養うため，自立活動の時間はもとより，学校の教育活動全体を通じて適切に行うものとする。特に，自立活動の時間における指導は，各教科，道徳科，外国語活動，総合的な学習の時間及び特別活動と密接な関連を保ち，個々の児童又は生徒の障害の状態や特性及び心身の発達の段階等を的確に把握して，適切な指導計画の下に行うよう配慮すること」になっています。

　言語障害のある児童生徒は，言語障害があるがゆえに各教科等を学習

する際に生じている困難を解決するための知識・技能・態度・および習慣を自立活動の時間において学び，その学習をふまえて各教科を学びます。教科指導を担う教師は，自立活動の時間における学びの状況をふまえて各教科等の授業の工夫を行い，さらに，通級指導担当教師は，各教科等の学習状況をふまえて，自立活動の時間における指導内容を改めて設定していくことになります。2017（平成 29）年告示の小・中学校学習指導要領では，特別支援学級および通級による指導において，個別の指導計画作成が義務付けられました。学校における言語障害教育は，各教科等と自立活動との関連を図るよう，個別の指導計画に基づいて実施されます。

3. 教育の現状と課題

（1） 教育の現状

ここでは，言語障害教育の中心的な場となっている通級による指導を中心に述べていきます。

1） 児童生徒数の増加と障害の多様化

通級による指導の対象となる児童生徒数は，2017（平成 29）年 5 月 1 日現在，小・中学校合わせて 108,946 名（義務教育段階の児童生徒の 1.1%）です。そのうちの 37,561 人が言語障害で最も多く，通級による指導対象の 34.5% を占めています（文部科学省，2018c）。注意欠陥多動性障害および学習障害が通級による指導の対象として規定された 2006（平成 18）年度以降，言語障害の占める割合は減少していますが，指導の対象となる児童生徒数は増加し続けているという実態があります。

言語障害通級指導教室では，通級による指導制度化の当初より，多様な障害をあわせ有している児童生徒を対象としてきました。2006（平成 18）年度以降，注意欠陥多動性障害，学習障害，自閉症についても通級

による指導の対象として認められましたが，それらの障害をあわせ有していることが考えられてもそうであるとは明確に判断されない場合で，言語やコミュニケーションに関わる特別の指導が必要である児童生徒は，言語障害の通級指導教室で指導を受けていることが考えられます。言語障害教育では，多様な特別の教育的ニーズへの対応が求められていることがうかがえます。

2) 各教科等の指導を行う教師との連携

　通級による指導では，これまでも教師間の連携を図ることが求められてきましたが，2017（平成 29）年告示小・中学校学習指導要領では，「各教科等と通級による指導との関連を図るなど，教師間の連携に努めるものとする」との記述がなされ，通級指導教室で実施する自立活動の時間における指導は，在籍学級で行われる各教科等の学習と密接に関連し合いながら展開されるものであることがより明確に示されました。言語は，各教科等の学習の基盤となるものであるため，言語障害教育では，各教科等の指導を行う教師との密接な関連がより一層求められます。

3) 障害の特性をふまえた教科指導の実施における通級指導担当教師の役割

　2017（平成 29）年告示小・中学校学習指導要領では，通常の学級においても，発達障害を含む障害のある児童生徒が在籍している可能性があることを前提に，すべての教科等において，一人ひとりの教育的ニーズに応じたきめ細かな指導や支援ができるよう，障害種別の指導の工夫のみならず，各教科等の学びの過程において考えられる困難さに対する指導の工夫の意図，手立てを明確にすること，障害のある児童生徒には個別の指導計画を作成し，必要な配慮を記載し，翌年度の担任等に引き継ぐことが必要であると示されました。

　言語障害による学習上または生活上の困難は多様であるため，通常の

学級担任が，個々の教育的ニーズを見極めていくことはむずかしい場合があると考えられます。「各教科等と通級による指導との関連を図る連携」により，学級担任は，通級指導担当教師の児童生徒理解の仕方や教育の捉え方に触れることになり，それが個々の特別の教育的ニーズの理解を深める機会となることが考えられます。

（2） 課題

　通級による指導（言語障害）を担当する教師は，言語障害の改善や自己理解・自己肯定感の向上を図るための指導といった通級指導教室における自立活動の時間の指導を担うほか，通級指導教室での指導と在籍学級における各教科等の指導との関連について学級担任と情報交換を行うなど教師間の連携を図ること，さらに，地域の医療や福祉等との関係者と連携し，互いの専門性を高め合う体制を整えることを職務として捉えています（藤井，2017）。また，通級による指導の対象となる児童生徒が増加していることから，インクルーシブ教育システム構築の重要な担い手として期待されています。

　しかしながら，特別支援学校教諭免許状の所持は必要とされず，当該学校種の免許状があれば指導を担当することができることから，自身の専門性に不安を持っている教師が多いのが実態です。さらに，通級指導教室設置校は一部の学校に限られているため，校内に相談できる相手がいないという現状もあります。

　言語障害教育が自立活動として行われることをふまえ，特別支援学校のセンター的機能の活用や多職種の関係者と協働的に課題解決できる専門性の涵養を視点とした現職研修の開発と実施が喫緊の課題となっています（藤井，2015）。

引用・参考文献

・藤井和子「通級による指導に関する研究の動向と今後の課題―自立活動の観点から―」，特殊教育学研究，53(1)，pp. 57-66, 2015
・藤井和子「言語障害通級担当教師の職務認識に関する調査研究」特殊教育学研究，55(4)，pp. 211-221, 2017
・Johnson.W, Brown. S. F., Curtis. J.F., Edney. C. W., and Keaster. J（Johnson, W. and Moeller, D.（Eds））*Speech Handicapped School Children, Third Edition.* Harper & Low, 1967（田口恒夫訳『教室の言語障害児』，日本文化科学社，1974）
・小林宏明『学齢期吃音の指導・支援』，学苑社，pp. 4-6, 2009
・文部科学省「教育支援資料，6　言語障害」，2013
http://www.mext.go.jp/a_menu/shotou/tokubetu/material/1340250.htm（2018年12月22日閲覧）
・文部科学省「言語能力の向上に関する特別チームにおけるこれまでの議論の取りまとめ」，教育課程部会　言語能力の向上に関する特別チーム，2016
・文部科学省「障害に応じた通級による指導の手引」，海文堂，2018a
・文部科学省「特別支援学校学習指導要領解説　自立活動編」，2018b
・文部科学省「平成29年度通級による指導実施状況調査結果について」，2018c
http：//www. mext. go. jp/a_menu/shotou/tokubetu/__icsFiles/afieldfile/2018/05/14/1402845_03.pdf（2018年12月22日閲覧）
・大橋桂子「Ⅰ総説」盛由紀子・小澤恵美編『吃音』，学苑社，p. 5, 2004
・岡本夏木『子どもとことば』，岩波新書，pp. 7-11, 1985
・田口恒夫『言語障害治療学』，医学書院，p. 5, 1966

〈演習問題〉

　構音障害や吃音などの言語障害は，乳幼児健康診査において発見されることがあり，発見後は，児童福祉施設等において，専門的な療育や相談が行われることがあります。就学後も指導が必要な場合，言語障害の通級指導教室において指導を行うことができますが，就学前に，児童福祉施設等で受けていた指導が切れ目なく継続されていくためには，通級指導教室の担当教師は，どのようなことに取り組んでいったらよいでしょうか。

〈解答例〉

　2018（平成 30）年 3 月，文部科学省と厚生労働省による「家庭と教育と福祉の連携「トライアングル」プロジェクト」の報告がまとめられました。このプロジェクトでは，障害のある子どもやその保護者が地域で切れ目なく支援が受けられるよう，家庭と教育と地域の一層の連携を推進する方策の一つとして，学校において作成される個別の教育支援計画の作成と活用が検討されました。言語障害の通級指導教室においても，児童福祉施設等で作成された個別の支援計画を引き継ぎ，就学前に実施されてきた指導の内容等をふまえ，個別の教育支援計画を作成して支援を行っていくことが必要であると考えられます。

15 | 発達障害の理解と指導

岡崎　慎治

《**目標＆ポイント**》　本章では，通常の学級に在籍していることが多い，知的発達の遅れがない発達障害者の教育について次のキーワードから概説する。
《**キーワード**》　LD, ADHD, ASD，学習上の困難，障害の理解，指導・支援の方法

1. 定義と原因

（1）　発達障害とは

　発達障害ということばにはさまざまな状態像が含まれ，その範囲についてもさまざまな考え方がありますが，原因で定義される障害ではないとされます。おおまかには，出生してから成人するまでの発達期に，その人や周囲にとって困難や制約につながりがちな，ある種の行動（症状）が生じる状態と考えられています（原，2014）。また，その発生には環境要因ではなく，その人の脳の機能の問題が関係しており，親の育て方や教育の仕方などが直接の原因ではないとされます。ここでは，通常の学級に在籍している可能性が高い，知的発達に遅れがない発達障害を中心に述べていきます。

　教育や支援に関連する国内の包括的な発達障害の定義として，2005（平成17）年4月1日に施行され，2016（平成28）年に改正された発達障害者支援法の第2条を挙げることができます。すなわち，「「発達障害」とは，自閉症，アスペルガー症候群その他の広汎性発達障害，学習障害，

注意欠陥多動性障害その他これに類する脳機能の障害であってその症状が通常低年齢において発現するものとして政令で定めるもの」です。

　この法律が制定される教育現場の背景として，通常の学級における発達障害のある子どもを含めた学習面，行動面の支援を要する子どもへの対応の必要性は，主に1990年代から指摘されてきました。しかし，当時の小・中学校における障害のある子どもの対応は特殊学級が中心で，通常の学級での支援の枠組みはない状態でした。そのような中で，2002（平成14）年に文部科学省が行った「通常の学級に在籍する特別な教育的支援を必要とする児童生徒に関する全国実態調査」では，全国5地域を対象に小学校，中学校の通常の学級の担任を対象にした調査が行われ，学習面と行動面に著しい困難を有する可能性のある子どもが全体の6.3%にのぼることが報告されました（**図 15-1**）。このことは教育関係者に大きな衝撃を与え，続く2007（平成19）年4月からの特別支援教育体制への移行に関わるさまざまな調査研究や行政措置へと至りました。特別支援教育体制への移行から5年を経た2012（平成24）年に，対象地域を全国に拡大（岩手県，宮城県および福島県を除く）し，2002

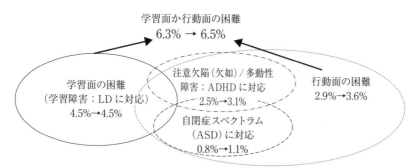

図 15-1　文部科学省調査（2002 → 2012）における学習面，行動面に著しい困難があると小・中学校の通常の学級の担任教師が回答した割合

（平成 14）年に行った調査内容を「I. 児童生徒の困難の状況」として再調査するとともに，新たに II として「児童生徒の受けている支援の状況」を追加した調査が実施されました。また，調査名も「通常の学級に在籍する発達障害の可能性のある特別な教育的支援を必要とする児童生徒に関する調査結果について」とされました。その結果，「I. 児童生徒の困難の状況」に関する調査では，学習面と行動面に著しい困難を有する可能性のある子どもが全体の 6.5％に当たることが示され，あらためて通常の学級 1 クラスの中で 2〜3 名にこのような子どもがいることが再確認されました（図 15-1）。また，新たに設定された「児童生徒の受けている支援の状況」の調査からは，通常の学級においても学習面や行動面に困難のある子どもへの対応がなされてきていることも示されました。

　なお，この調査では後述する LD，ADHD，高機能自閉症等の発達障害に見られる特徴に基づく調査内容が用いられているものの，発達障害の子どもが 6.5％にのぼる，という結論に直結するものではありません。あくまで「学習面と行動面に著しい困難を有する児童生徒」として抽出された数値であることに留意する必要があります。

　発達障害全体の定義は最初に述べたとおりですが，この定義に含まれる自閉症，アスペルガー症候群その他の広汎性発達障害，学習障害，注意欠陥多動性障害というそれぞれの用語，定義について確認していきます。

（2）　学習障害（LD）

　学習障害（Learning Disabilities；LD）は，本邦における定義としては 1999（平成 11）年に当時の文部省による「学習障害児に対する指導について（報告）」において示されたものを挙げることができます。すなわち，「全般的な知的発達に遅れはないが，聞く，話す，読む，書く，計算する又は推論する能力のうち特定のものの習得と使用に著しい困難

を示す様々な状態を指すもの」です。また、それらの困難は中枢神経系における機能障害に起因するものと考えられており、感覚障害や情緒障害あるいは環境的な要因によるものではないとされます。このことから、LDは主に読み書きの障害と計算の障害とに分けられますが、実際にLDの子どもが示す状態像は非常に多様であり、その障害特性や原因を単一の水準で考えることはむずかしいと考えるべきです。

　一方、現在用いられている医学的なLDの定義は、上記の文部省定義よりも狭義といえ、読み、書き、算数それぞれの特異的な困難として定義されます。アメリカ精神医学会の精神疾患の診断と統計マニュアル第5版（DSM-5；American Psychiatric Association, 2013；日本精神神経学会, 2014）において、そのような状態像は限局性学習症（Specific Learning Disorder；以下、SLD）と定義されており、神経発達症群／神経発達障害群（Neurodevelopmental Disorders）の一つに位置づけられています。また、もう一つの世界的な疾患の診断基準である世界保健機関（WHO）による診断基準である国際疾病分類第11版（International Classification of Diseases 11th Edition；ICD-11, WHO, 2018）では、同様の状態に対して発達性学習症（Developmental learning disorder）が定義されています。

（3）　注意欠如多動症（ADHD）[*1)]

　国内におけるADHDの定義は、文部科学省（2003）による「今後の特別支援教育の在り方について（最終報告）」の中で、定義と判断基準（試案）として述べられている「年齢あるいは発達に不釣り合いな注意力、及び／又は衝動性、多動性を特徴とする行動の障害で、社会的な活動や学業の機能に支障をきたすものである。また、7歳以前に現れ、その状態が継続し、中枢神経系に何らかの要因による機能不全があると推

定される」が挙げられます。この定義は，LD の項で述べた DSM-5 の前版に当たる，精神疾患の診断・統計マニュアル第 4 版（Diagnostic and Statistical Manual of Mental Disorders Fourth Edition；DSM-IV，APA，1994）と，ADHD の行動評定尺度である ADHD-RS（学校用）を参考にしています。DSM-5 における ADHD の診断基準は全体的には DSM-IV と大きな違いはないものの，他の障害との併存を認める，成人の診断に資する記述の追加，先の LD などとともに神経発達症群の一つになった等の違いがあります。また，ICD-11（WHO，2018）でも注意欠如多動症（Attention deficit hyperactivity disorder）として定義されており，臨床場面での使用においてはほとんど両者に違いはありません。

（4）　自閉スペクトラム症（ASD）

　ASD に関連する概念である高機能自閉症（High-Functioning Autism）の定義は，ADHD とともに文部科学省（2003）による「今後の特別支援教育の在り方について（最終報告）」の中で，定義と判断基準（試案）として述べられています。すなわち，3 歳ぐらいまでに現れ，①他人との社会的関係の形成の困難さ，②言語の発達の遅れ，③興味や関心が狭く特定のものにこだわることを特徴とする発達の障害である自閉症のうち，知的発達の遅れを伴わないものをいいます。全体的な発達のアンバランスが見られることも特徴です。一方，広汎性発達障害（PDD）は，発達のいくつかの面における重症で広範な障害であり，自閉性障害，レット障害，アスペルガー障害などが挙げられます。

　自閉性障害の具体的な診断は，対人関係・言語発達・こだわりの 3 つの分野を満たしている場合になされます。アスペルガー障害は，診断においては自閉性障害の言語発達項目が使われず，対人関係・こだわりの

232

分野に当てはまり，臨床的に著しい言語の遅れがない場合に当てはまります。社会性の特徴としては，友達をつくることに興味がない，視線が合わないなどがあり，話し方の特徴としては，声の大きさのコントロールが困難，身体言語を理解できないなどがあります。その他にも，文脈の意味が理解できなかったり，超文節的機能であるイントネーションの違いがわからなかったり，文脈の強調するポイントで意味が違うということを理解できなかったりすることも多いとされます。医学的な定義としてはDSM-5ならびにICD-11において，これらの状態像はすべて自閉スペクトラム症（Autism Spectrum Disorder；ASD）にまとめられています。この考え方は，知的発達の遅れを伴う場合から知的発達の遅れを伴わない場合まで，自閉症を連続体として捉えるものです。その中で，上記のような高機能自閉症・アスペルガー症候群といった，知的発達の遅れを伴わない，あるいは知的能力が高い場合であっても上記のような特徴が種々の学習面や行動面の困難さにつながりがちな子どもへの支援対応が求められています。

2．学習の特性とニーズ

（1）　知的発達の査定

　LD，ADHD，高機能自閉症等の発達障害のある児童生徒の存在への注目が高まるにつれ，支援を行う上で，アセスメント（評価）の重要性が増してきています。アセスメントは児童生徒の生育歴の聴取や行動観察など，子どもの実態把握に関わる情報収集全般を指しますが，中でも発達検査や知能検査，認知検査と呼ばれる各種テストは，子どもたちの個々の特徴を知る上で重要な情報となっています。これらのテストは主に，全般的な知的能力（知能）の子どもの得点とほかの子どもたちの得点を比べるという観点（個人間差）から使われてきましたが，近年で

は，個々の子どもたちの中にある得意なことと不得意なことの特徴やその背景にある物事の捉え方，つまり認知のアンバランスの特徴（個人内差）を知るという観点が重視されてきています。具体的には，測ろうとする能力を必要とする状況を設定し，それぞれの状況や共通する要素に関連する複数の状況での取り組みの結果を得点化します。得点が年齢相応なのか，また得点間の差が明らかなのかそうでないのかを通して，認知面の遅れやアンバランスの有無とその程度を知ることができます。このような観点で用いることができる，小学校，中学校段階の子どもに適用可能な主な検査として，WISC-IV（ウィスクフォー，ウェクスラー小児知能検査第 4 版）や KABC-II（ケィエービーシーツー，KABC-II 心理・教育アセスメントバッテリー），DN-CAS（ディーエヌキャス，DN-CAS 認知評価システム）などが挙げられます。

　このような検査はすべて，標準化という手続きを踏んで作成されています。標準化とは，検査の得点を正しく評定するための規準（ノルム）をその検査が対象とする集団の中で設定する作業を指します。この作業を通して，検査実施時の検査を受ける子どもに対する教示方法，問題項目の提示方法，時間の測定方法などの検査実施に関する方法と，検査項目別の採点の方法が厳密に決められています。したがって，検査を実施する場合でも検査結果を読み取る場合でも，このような前提で検査が作成されていることをまず理解することが必要になります。標準化された検査を用いることのメリットとして，①客観的な子どもの情報（現状，支援のためのヒント）が得られる，②実施や得点算出の方法が決められているため，検査を理解している関係者間では共通理解のもとで子どもへの対応，支援を考えることができる，③共通理解が得られるという点で，②と同様の理由で同時的にも継時的にも関係者間の情報伝達が容易になる，などが挙げられます。

　検査ではさまざまな数値得点が得られることになりますが，その表示方法は検査によって異なります。上述した3つの検査では，検査全体の結果を表す得点や検査のもとの考えに基づく領域別の得点は，知能指数（IQ）や標準得点とよばれる，年齢集団の平均が100，標準偏差が15となる得点として示されます。この得点が100に近いかどうかで年齢相応の能力を持っているかを知ることができ，領域間の得点差の程度から子どもの得意な能力と苦手な能力，その差の大きさを知ることができます。合わせて，これらの得点が算出される前提として，検査を構成する一つひとつの小テスト（下位検査）の結果は，年齢集団の平均が10，標準偏差が3になる評価点として示されます。評価点からもIQや標準得点と同様に得点が年齢相応なのか，得点間の差がどの程度なのかを検証することができます。

　また，これらの検査の活用を含め，子どもにある得意な面や苦手な面を評価するプロセスは，心理・教育的アセスメントと呼ばれ，知的発達の遅れの有無を確認するだけでなく後述する指導支援の計画の立案や評価に広く用いられています。

（2）　学習障害（LD）

　先に述べたように，LD児の示す状態像は非常に多様であり，その背景にある核となる認知的障害もまた多様であるといえます。さらには，LDとともにADHDをあわせ持つ子どもも多いため，LD児の支援にあたっては，まず子どもの実態を把握するためのアセスメントが重要となってきます。これまで，LD児の示す認知的特徴として，知能と学力の間のアンバランス（ディスクレパンシー）や認知能力間のディスクレパンシーといった発達の偏りあるいは個人内差が指摘されてきました。一方，アンバランス（ディスクレパンシー）が生じているということは

すでに子どもが何らかの失敗を経験しているという点で，アンバランス（ディスクレパンシー）が存在することを支援の根拠とすることには批判がなされてきました。このような批判に対し，より適切な対応をめざすモデルのひとつとして，アメリカに端を発し，日本でも LD の判断に用いられてきている考え方として，Response to Intervention/Instruction（RTI）モデル（Brown-Chidsey & Steege, 2005）が挙げられます。RTI モデルは指導や介入，支援に対する学業や行動の変化（あるいは変化のなさ）に関するものであり，予防的な支援を段階的に行っていくという考え方に立っています（Hallahan, Kauffman, Pullen, 2012）。支援の段階は明確に定義づけられてはいないものの，多くは 3 層（3 tiers）構造を想定しています。3 層構造においてもっとも下層となる第 1 層では，通常の教育において質の高い教育的介入と支援を行うもので，対象となる子ども全体の 80％を想定しています。第 2 層ではより子どものニーズに応じた，重点的な少人数による教育的介入が行われます。対象となる子どもは全体の 15％を想定しています。そして第 2 層での介入や支援の応答からさらに支援の必要がある場合には，第 3 層の特別な教育的ニーズに応じた教育的介入に移行します。この段階は子ども全体の 5％を想定しています。

　このようなアメリカを中心とした LD 児への支援体制の変化は国内にも波及しつつあり，RTI モデルをベースとした読みの多層指導モデル（Multilayer Instruction Model；MIM）を小学校の通常の学級において適用した研究（海津・田沼・平木, 2009）などが報告されてきています。

（3）　注意欠如多動症（ADHD）

　ADHD のある子どもの行動が問題となるのは主に集団活動場面や学習場面であることから，最初の気づきは幼稚園や保育園，あるいは小学

校での落ち着きのなさ，対人関係上のトラブルなどから担当の保育士や教諭によってなされることが多いといわれます。しかし，養育者は発達経過において育てにくさや関わりにくさを感じ続けていたり，周囲からしつけの問題等，非難を受けていたりする場合も多いことから，子ども本人のみならず養育者への支援対応も必要といえます。

　とりわけ学齢期においては，就学前の生活以上に集団の中でルールを守って活動することが求められるようになります。そわそわしていたり離席してしまったりといった状態像や，宿題や持ち物を忘れる，課題を最後までこなせないといった形での困難さが目立つようになることが多くなり，子ども本人や保護者が周囲からの叱責を受けることが起こりがちです。また，担任となった教師もクラス内の他の保護者や教師から子どもへの対応について指摘されることもありえます。子ども自身への行動面，学習面を中心とした教育的対応とともに，保護者と教師の間での相互連絡により，子どもとその周囲の状態についてそれぞれが理解できる状況をつくることが大切です。また，学年が上がるとともに他の子どもたちとの仲間意識が生まれる時期にうまく仲間集団に入りにくいこと，自分と周りとの関係を自己評価する時期までに集団場面での失敗，叱責，孤立を繰り返し経験することにより，劣等感や疎外感，低下した自尊感情が起こりがちです。齊藤（2016）は，このような状態が不登校，攻撃的行動，反抗的態度に至りやすいこと，叱責や批判により力ずくで問題を解決しようとしたり，放置したりすることで問題がさらにこじれてしまうことを関係者が自覚していることが重要であると述べています。

（4）　自閉スペクトラム症（ASD）

　ASDは，社会的なやりとりと相互的関係性における困難さと，興味

関心の限定および反復的なこだわり行動，ならびに感覚の特異性（過敏さや鈍感さ）から特徴づけられます。このような特徴は，行動や考え方の独特さとして表面化しやすく，学校生活において教員や周囲の児童生徒とのトラブルにつながりがちといえます。学齢期の状態像は不注意さや衝動性をあわせ持つ場合を中心に，ADHD と類似して捉えられることも多いといえます。定義で述べた医学的な診断基準である DSM-5 では，ASD と ADHD の併存が認められています。このことからも，対応においてその子どもが ADHD なのか ASD なのかを考えるよりも，アセスメントによる情報を活用して本人や周囲のニーズが何かを考えるべきといえます。その際に，彼らの行動には理由があること，彼らなりの予測や計画を立てた結果が周囲の期待とそぐわないことが多い前提で，可能な限り，事前に具体的な予定やルールを伝えることで，うまく適応できることが示されています。また，ADHD や高機能自閉症・アスペルガー症候群といった，行動面の困難が生じやすい子どもの示す行動は，周囲の対応のしかた，環境設定，その日の体調や気温変化など，ちょっとしたことによって大きく影響されることが多いといわれます（全国情緒障害研究会，2003）。そのため，態度の悪さや努力不足を指摘され，周りの大人にも子どもにも非難，叱責を受けやすくなるため，行動面の困難がより顕著になるといった悪循環も生じやすいといえます。適切な指導のためには，子どもの行動が問題になるのは具体的にどのような行動なのか，いつ，どんな場面で，誰に起きるのかといった記録を整理し，問題点を把握することが必要になります。

3．教育の現状と課題

（1）　学習・行動の特性把握と個別の指導計画の作成

　発達障害のある，あるいはその可能性のある子どもの行動面の評価は

保護者ならびに本人への面接とともに子どもの行動観察が基本となります。学校場面など日常的な場面における直接観察だけでなく，他の場面での様子を関係者から聴取することが望ましいといえます。

　発達・認知面の評価については，現在のところ，発達障害そのものについて発達面，認知面の評価を行える検査はありません。しかし，発達検査や知能検査に含まれる検査項目には発達障害に見られがちな特徴に関連するものが含まれること，これらの子どもたちの多くが認知面の得意，不得意のアンバランスが大きいことは臨床的にも多く指摘されていることから，先に述べた心理・教育的アセスメントとしてこれらの検査を実施し，結果を正しく解釈することは，子どもの特性に応じた適切な支援を計画立案することにも，実行することにも，評価することにも有用といえます。

　個別の指導計画においては，これらの個別検査の結果などから本人の得意な認知処理や学習領域を把握し，苦手な認知処理や学習領域を得意な認知処理や学習領域で補えるかを検討することが求められます。その際には，1年間を通した長期目標とともに，これを達成するために1ヶ月から1学期の範囲で短期目標を設定し，対象となる子どもの能力に見合った実現可能性のある内容を含めるべきです。合わせて，個別の指導計画に基づく指導を評価する方法についても検討し，短期目標の設定期間が終了した段階で指導の評価を行い，指導効果が上がっていないと判断された場合には指導方法や計画の見直しを行うことが必要となります。文部科学省は2004（平成16）年に「小・中学校におけるLD，ADHD，高機能自閉症の児童生徒への教育支援体制の整備のためのガイドライン（試案）」の中で，校長は校内の関係教員の連絡先として特別支援教育コーディネーターを指名し，保護者や専門家といった校外の関係者との連携を図りながら個別の教育支援計画の作成，実施，評価

（plan-do-see）の流れを継続して行っていくことを推奨しています。さらに 2017（平成 29）年には「発達障害を含む障害のある幼児児童生徒に対する教育支援体制整備ガイドライン」を示し，対象を発達障害のある児童等に限定せず，障害により教育上特別の支援を必要とするすべての児童等に拡大しています。さらに，対象とする学校に，幼稚園および高等学校等も加え，進学時等における学校間での情報共有（引継ぎ）の留意事項について追記されるなど，より広範囲の教育支援体制を提唱する変更がなされています。加えて 2017（平成 29）年に改訂された学習指導要領においては，通級による指導における教育課程編成の基本的な考え方や，個別の教育支援計画および指導計画の作成の活用について示されるとともに，小・中学校学習指導要領における各教科等の解説では学習過程において想定される困難さとそれに対する指導上の意図や手だてについて示されました。特別支援学級や通級による指導においては，個別の指導計画等の全員作成が求められたことも大きな変化といえます。

（2）　教科指導と配慮事項

　発達障害のある，ないし疑われる子どもに生じがちな学習の困難，課題の回避といった行動をすべて改善することは，とりわけ通常の学級で行われる教育活動の中では困難が伴うと考えられますが，重要なのは学習環境の調整です。環境の調整とは，用意する課題や教材を工夫したり，少人数での指導において直接的な教示を用いたりすることが挙げられます。また，子どもの適切な行動に対してシールやポイントなどのごほうびを与えるトークンエコノミーと呼ばれる手法も，個々の子どもに対してであったり，クラス全体やグループに対してであったりと状況に応じて利用することが有用です。行動面の困難につながりやすい情緒面への対応としては，子どもに対して受容的，共感的態度で接し，話を聞

く姿勢を示すこと，何も問題がなかったときにうまくできていることをほめる声かけといった関わりを通して，子ども本人の自尊心の回復と維持を促すことが挙げられます。また，教示については，肯定的，あるいは否定的な言語的フィードバックといった一貫した指示に加え，子ども自身が行動の統制をとれたことを自覚させる教示が有効となる場合が多いといわれています。具体的には，得意な領域やできる領域の学習を進めること，できなかった部分ではなくできたところを評価すること，苦手な領域の学習の際にはここまでできればいい，という限度をあらかじめ設定することなどを通して，学習に対する自信の回復と維持を図ることが重要です。

　また，対応が通常の学級担任のみではむずかしい場合には，特別支援教育コーディネーターを中心とした校内委員会で校内の共通理解を図るとともに，必要に応じて支援員や教育補助員などの補助教員を活用したり，通級指導教室の利用を検討したりすることも考えられます。いずれの際にも，保護者との連絡を密にし，支援方針への理解と同意を得ることが必要であることはいうまでもありません。

（3）　通常の学級における指導上の配慮事項

　LD や ADHD，ASD のある子どもへの指導支援や配慮の多くは，他の児童生徒への対応を含め，通常の学級での学習活動でも同じように有効といえます。近年では，このような支援をクラス，学年，学校全体で考える中で，教育のユニバーサルデザイン，授業のユニバーサルデザインといった考え方が提唱され，実践もされてきています。

　また，落ち着きのなさや持続力のなさによる失敗経験や叱責を受け続けることによる自尊心の低下を防ぐためには，学級内や集団活動内で明確な，周りに認められる係や役割を与えることも子ども本人が成功経験

をもてる機会をつくるために有効といえます。

　学習場面では，子どもの特性を考慮した上で，作業の手順を絵で示す，文章で箇条書きにして示すなどの手がかりや見本を見せたり重要なところを色分けして示したりするなどのヒントは，ADHD のある子どもにとってだけでなく，周囲の子どもの学習や理解を促進するためにも有効となりうるといえます。あわせて，作業の数や量をあらかじめ示すこと，子ども本人が選択できる機会を設けることも，ADHD や高機能自閉症・アスペルガー症候群のある子どもの見通しの悪さ，衝動的な行動を自分でコントロールすることのむずかしさを補うことにつながるとともに，周囲の子どもにとっても有効である場合が多いといえます。

　落ち着きのなさや気の散りやすさ，思ったことをすぐに口にするなどの行動は通常学級での授業中や一斉指示に従って行動することが求められる集団活動ではその場を乱す行動とみなされがちです。そのためその都度，注意や指導を行っても問題が収まるのはそのときだけで，同じような行動がすぐに繰り返されるために周囲に迷惑をかけることになりがちです。集団内に似たような特性のある子どもがいる場合には，子ども同士がお互いに刺激し合うために，支援の必要な子どもの問題となる行動がさらに激しくなり，集団全体が落ち着かなくなることも起こり得ますが，ADHD などの子どもがクラスにいるからそのようになる，と安易に結びつけることは避けるべきです。むしろ，通常の学級での指導支援は，周りの児童生徒と，保護者への理解促進も合わせて考慮する必要があります。

注》

*1）ADHD の日本語の訳については，今日，文部科学省による平成 15 年 3 月の「今後の特別支援教育の在り方について（最終報告）」参考資料にある「注意欠陥

多動性障害」が広く使用されています。しかし，この用語の根拠となるアメリカ精神医学会による『精神障害の診断と統計マニュアル』第4版テキスト改訂版（DSM-IV-TR）が2013年に第5版（DSM-5）に改訂され，2014年に日本版が公表された際に，訳語として注意欠如多動性障害と，注意欠如多動症が併記されています。この改訂において「障害」と「症」が併記されている経緯として，日本精神神経学会精神科病名検討連絡会（2014）において「児童青年期の疾患では，病名に障害とつくことは，児童や親に大きな衝撃をあたえるため，「障害」を「症」に変えることが提案された」という背景があります。この指摘を受けて本章では，日本精神神経学会精神科病名検討連絡会（2014）の基準に基づき，ADHDの訳として「注意欠如多動症」を使用します。

参考文献

- Barkley, R.A.(Ed.)*Attention-deficit hyperactivity disorder:A handbook for diagnosis and treatment second edition.* Guilford Press, 1998
- Brown-Chidsey, R., & Steege, M. W. *The Guilford Practical Intervention in the School Series. Response to intervention: Principles and strategies for effective practice.* New York, NY, US：Guilford Press, 2005
- 上林靖子・齊藤万比古・北道子編『注意欠陥/多動性障害— AD/HD —の診断・治療ガイドライン』，じほう，2003
- Hallahan, D.P., Kauffman, J.M., Pullen, P.C. *Exceptional Learners:an introduction to special education 12th ed.,* Pearson Education；New Jersey, 2012
- 原仁 責任編集『最新 子どもの発達障害事典』，合同出版，2014
- 齊藤万比古編『注意欠如・多動症— ADHD —の診断・治療ガイドライン第4版』，じほう，2016
- Lowenthal, B. "Attention deficit disorders：characteristics, assessment, and interventions." *European Journal of Special Needs Education,* 9, pp.80-90, 1994
- 宮本信也「ADHDと学習障害」（中根晃 編『ADHD臨床ハンドブック』金剛出版，pp.64-73, 2001）
- 文部科学省「小・中学校におけるLD（学習障害），ADHD（注意欠如／多動性障害），高機能自閉症の児童生徒への教育支援体制の整備のためのガイドライン(試

案）」，2004
・文部科学省「発達障害を含む障害のある幼児児童生徒に対する教育支援体制整備
ガイドライン」，2017
・全国情緒障害研究会編『通常の学級における AD/HD の指導』，日本文化科学社，2003
・海津亜希子・田沼実畝・平木こゆみ「特殊音節の読みに顕著なつまずきのある 1
年生への集中的指導—通常の学級での多層指導モデル（MIM）を通じて—」，特殊
教育学研究，47(1)，pp.1-12, 2009
・World Health Organization. "The ICD-11 International Classification of Diseases
11th Revision", WHO, 2018
・American Psychiatric Association *Diagnostic and statistical manual of mental
disorders, Fifth edition. APA*，2013（日本精神神経学会・日本語版用語監修，
高橋三郎・大野裕監訳『DSM-5 精神疾患の診断・統計マニュアル』，医学書院，2014
・文部科学省「今後の特別支援教育の在り方について（最終報告）」文部科学省，2003

〈演習問題〉

発達障害への教育的支援について必要な観点についてまとめなさい。

〈解答例〉

　発達障害の代表的なものとして学習障害（LD）や注意欠如多動症（ADHD），自
閉スペクトラム症（ASD）が挙げられますが，個々の児童生徒の状態像は多彩で個
人差も大きく，適切な実態把握（アセスメント）とこれに基づく支援の観点が重要
となります。その多くが通常の学級に在籍していると考えられることから，授業の
ユニバーサルデザイン化に代表される，学級全体に対する配慮と個々のニーズへの
配慮のバランスをとることが求められます。

資料編 |

　※資料編として挙げた法令等については一部を抜粋して掲載するものです。

◆教育基本法
（平成十八年十二月二十二日法律第百二十号）

　我々日本国民は，たゆまぬ努力によって築いてきた民主的で文化的な国家を更に発展させるとともに，世界の平和と人類の福祉の向上に貢献することを願うものである。

　我々は，この理想を実現するため，個人の尊厳を重んじ，真理と正義を希求し，公共の精神を尊び，豊かな人間性と創造性を備えた人間の育成を期するとともに，伝統を継承し，新しい文化の創造を目指す教育を推進する。

　ここに，我々は，日本国憲法の精神にのっとり，我が国の未来を切り拓く教育の基本を確立し，その振興を図るため，この法律を制定する。

（教育の機会均等）
第四条　すべて国民は，ひとしく，その能力に応じた教育を受ける機会を与えられなければならず，人種，信条，性別，社会的身分，経済的地位又は門地によって，教育上差別されない。

2　国及び地方公共団体は，障害のある者が，その障害の状態に応じ，十分な教育を受けられるよう，教育上必要な支援を講じなければならない。

3　国及び地方公共団体は，能力があるにもかかわらず，経済的理由によって修学が困難な者に対して，奨学の措置を講じなければならない。

◆学校教育法

（昭和二十二年三月三十一日法律第二十六号）

一部改正：平成二十九年五月三十一日法律第四十一号

第一章　総則

第一条　この法律で，学校とは，幼稚園，小学校，中学校，義務教育学校，高等学校，中等教育学校，特別支援学校，大学及び高等専門学校とする。

第二章　義務教育

第二十一条　義務教育として行われる普通教育は，教育基本法（平成十八年法律第百二十号）第五条第二項に規定する目的を実現するため，次に掲げる目標を達成するよう行われるものとする。

一　学校内外における社会的活動を促進し，自主，自律及び協同の精神，規範意識，公正な判断力並びに公共の精神に基づき主体的に社会の形成に参画し，その発展に寄与する態度を養うこと。

二　学校内外における自然体験活動を促進し，生命及び自然を尊重する精神並びに環境の保全に寄与する態度を養うこと。

三　我が国と郷土の現状と歴史について，正しい理解に導き，伝統と文化を尊重し，それらをはぐくんできた我が国と郷土を愛する態度を養うとともに，進んで外国の文化の理解を通じて，他国を尊重し，国際社会の平和と発展に寄与する態度を養うこと。

四　家族と家庭の役割，生活に必要な衣，食，住，情報，産業その他の事項について基礎的な理解と技能を養うこと。

五　読書に親しませ，生活に必要な国語を正しく理解し，使用する基礎的な能力を養うこと。

六　生活に必要な数量的な関係を正しく理解し，処理する基礎的な能力
　　を養うこと。

七　生活にかかわる自然現象について，観察及び実験を通じて，科学的
　　に理解し，処理する基礎的な能力を養うこと。

八　健康，安全で幸福な生活のために必要な習慣を養うとともに，運動
　　を通じて体力を養い，心身の調和的発達を図ること。

九　生活を明るく豊かにする音楽，美術，文芸その他の芸術について基
　　礎的な理解と技能を養うこと。

十　職業についての基礎的な知識と技能，勤労を重んずる態度及び個性
　　に応じて将来の進路を選択する能力を養うこと。

第四章　小学校

第二十九条　小学校は，心身の発達に応じて，義務教育として行われる
　　普通教育のうち基礎的なものを施すことを目的とする。

第三十条　小学校における教育は，前条に規定する目的を実現するため
　　に必要な程度において第二十一条各号に掲げる目標を達成するよう行
　　われるものとする。

2　前項の場合においては，生涯にわたり学習する基盤が培われるよう，
　　基礎的な知識及び技能を習得させるとともに，これらを活用して課題
　　を解決するために必要な思考力，判断力，表現力その他の能力をはぐ
　　くみ，主体的に学習に取り組む態度を養うことに，特に意を用いなけ
　　ればならない。

第五章　中学校

第四十五条　中学校は，小学校における教育の基礎の上に，心身の発達
　　に応じて，義務教育として行われる普通教育を施すことを目的とす

る。

第四十六条　中学校における教育は，前条に規定する目的を実現するた
め，第二十一条各号に掲げる目標を達成するよう行われるものとす
る。

第八章　特別支援教育

第七十二条　特別支援学校は，視覚障害者，聴覚障害者，知的障害者，
肢体不自由者又は病弱者（身体虚弱者を含む。以下同じ。）に対して，
幼稚園，小学校，中学校又は高等学校に準ずる教育を施すとともに，
障害による学習上又は生活上の困難を克服し自立を図るために必要な
知識技能を授けることを目的とする。

第七十四条　特別支援学校においては，第七十二条に規定する目的を実
現するための教育を行うほか，幼稚園，小学校，中学校，義務教育学
校，高等学校又は中等教育学校の要請に応じて，第八十一条第一項に
規定する幼児，児童又は生徒の教育に関し必要な助言又は援助を行う
よう努めるものとする。

第八十一条　幼稚園，小学校，中学校，義務教育学校，高等学校及び中
等教育学校においては，次項各号のいずれかに該当する幼児，児童及
び生徒その他教育上特別の支援を必要とする幼児，児童及び生徒に対
し，文部科学大臣の定めるところにより，障害による学習上又は生活
上の困難を克服するための教育を行うものとする。

2　小学校，中学校，義務教育学校，高等学校及び中等教育学校には，
次の各号のいずれかに該当する児童及び生徒のために，特別支援学級
を置くことができる。

一　知的障害者

二　肢体不自由者

　　三　身体虚弱者

　　四　弱視者

　　五　難聴者

　　六　その他障害のある者で，特別支援学級において教育を行うことが
　　　適当なもの

3　前項に規定する学校においては，疾病により療養中の児童及び生徒
　に対して，特別支援学級を設け，又は教員を派遣して，教育を行うこ
　とができる。

◆学校教育法施行令

(昭和二十八年十月三十一日政令第三百四十号)

第二章　視覚障害者等の障害の程度

第二十二条の三　法第七十五条の政令で定める視覚障害者，聴覚障害
　者，知的障害者，肢体不自由者又は病弱者の障害の程度は，次の表に
　掲げるとおりとする。

区分	障害の程度
視覚障害者	両眼の視力がおおむね〇・三未満のもの又は視力以外の視機能障害が高度のもののうち，拡大鏡等の使用によつても通常の文字，図形等の視覚による認識が不可能又は著しく困難な程度のもの
聴覚障害者	両耳の聴力レベルがおおむね六〇デシベル以上のもののうち，補聴器等の使用によつても通常の話声を解することが不可能又は著しく困難な程度のもの
知的障害者	一　知的発達の遅滞があり，他人との意思疎通が困難で日常生活を営むのに頻繁に援助を必要とする程度のもの 二　知的発達の遅滞の程度が前号に掲げる程度に達しないもののうち，社会生活への適応が著しく困難なもの
肢体不自由者	一　肢体不自由の状態が補装具の使用によつても歩行，筆記等日常生活における基本的な動作が不可能又は困難な程度のもの 二　肢体不自由の状態が前号に掲げる程度に達しないもののうち，常時の医学的観察指導を必要とする程度のもの
病弱者	一　慢性の呼吸器疾患，腎臓疾患及び神経疾患，悪性新生物その他の疾患の状態が継続して医療又は生活規制を必要とする程度のもの 二　身体虚弱の状態が継続して生活規制を必要とする程度のもの

備考
　一　視力の測定は，万国式試視力表によるものとし，屈折異常があるものについ
　　ては，矯正視力によつて測定する。
　二　聴力の測定は，日本工業規格によるオージオメータによる。

◆学校教育法施行規則

（昭和二十二年五月二十三日文部省令第十一号）

一部改正：平成二十九年三月三十一日文部科学省令第二十号

第四章　小学校

第二節　教育課程

第五十条　小学校の教育課程は，国語，社会，算数，理科，生活，音楽，図画工作，家庭，体育及び外国語の各教科（以下この節において「各教科」という。），特別の教科である道徳，外国語活動，総合的な学習の時間並びに特別活動によつて編成するものとする。

2　私立の小学校の教育課程を編成する場合は，前項の規定にかかわらず，宗教を加えることができる。この場合においては，宗教をもつて前項の特別の教科である道徳に代えることができる。

第五十一条　小学校（第五十二条の二第二項に規定する中学校連携型小学校及び第七十九条の九第二項に規定する中学校併設型小学校を除く。）の各学年における各教科，特別の教科である道徳，外国語活動，総合的な学習の時間及び特別活動のそれぞれの授業時数並びに各学年におけるこれらの総授業時数は，別表第一に定める授業時数を標準とする。

第五十二条　小学校の教育課程については，この節に定めるもののほか，教育課程の基準として文部科学大臣が別に公示する小学校学習指導要領によるものとする。

第五章　中学校

第七十二条　中学校の教育課程は，国語，社会，数学，理科，音楽，美術，保健体育，技術・家庭及び外国語の各教科（以下本章及び第七章

中「各教科」という。），特別の教科である道徳，総合的な学習の時間並びに特別活動によつて編成するものとする。

第七十三条　中学校（併設型中学校，第七十四条の二第二項に規定する小学校連携型中学校，第七十五条第二項に規定する連携型中学校及び第七十九条の九第二項に規定する小学校併設型中学校を除く。）の各学年における各教科，特別の教科である道徳，総合的な学習の時間及び特別活動のそれぞれの授業時数並びに各学年におけるこれらの総授業時数は，別表第二に定める授業時数を標準とする。

第七十四条　中学校の教育課程については，この章に定めるもののほか，教育課程の基準として文部科学大臣が別に公示する中学校学習指導要領によるものとする。

第八章　特別支援教育

第百二十六条　特別支援学校の小学部の教育課程は，国語，社会，算数，理科，生活，音楽，図画工作，家庭，体育及び外国語の各教科，特別の教科である道徳，外国語活動，総合的な学習の時間，特別活動並びに自立活動によつて編成するものとする。

2　前項の規定にかかわらず，知的障害者である児童を教育する場合は，生活，国語，算数，音楽，図画工作及び体育の各教科，特別の教科である道徳，特別活動並びに自立活動によつて教育課程を編成するものとする。ただし，必要がある場合には，外国語活動を加えて教育課程を編成することができる。

第百二十七条　特別支援学校の中学部の教育課程は，国語，社会，数学，理科，音楽，美術，保健体育，技術・家庭及び外国語の各教科，特別の教科である道徳，総合的な学習の時間，特別活動並びに自立活動によつて編成するものとする。

2 前項の規定にかかわらず，知的障害者である生徒を教育する場合は，国語，社会，数学，理科，音楽，美術，保健体育及び職業・家庭の各教科，特別の教科である道徳，総合的な学習の時間，特別活動並びに自立活動によつて教育課程を編成するものとする。ただし，必要がある場合には，外国語科を加えて教育課程を編成することができる。

第百二十八条 特別支援学校の高等部の教育課程は，別表第三及び別表第五に定める各教科に属する科目，総合的な学習の時間，特別活動並びに自立活動によつて編成するものとする。

2 前項の規定にかかわらず，知的障害者である生徒を教育する場合は，国語，社会，数学，理科，音楽，美術，保健体育，職業，家庭，外国語，情報，家政，農業，工業，流通・サービス及び福祉の各教科，第百二十九条に規定する特別支援学校高等部学習指導要領で定めるこれら以外の教科及び道徳，総合的な学習の時間，特別活動並びに自立活動によつて教育課程を編成するものとする。

第百二十九条 特別支援学校の幼稚部の教育課程その他の保育内容並びに小学部，中学部及び高等部の教育課程については，この章に定めるもののほか，教育課程その他の保育内容又は教育課程の基準として文部科学大臣が別に公示する特別支援学校幼稚部教育要領，特別支援学校小学部・中学部学習指導要領及び特別支援学校高等部学習指導要領によるものとする。

第百三十条 特別支援学校の小学部，中学部又は高等部においては，特に必要がある場合は，第百二十六条から第百二十八条までに規定する各教科（次項において「各教科」という。）又は別表第三及び別表第五に定める各教科に属する科目の全部又は一部について，合わせて授業を行うことができる。

2 特別支援学校の小学部，中学部又は高等部においては，知的障害者

である児童若しくは生徒又は複数の種類の障害を併せ有する児童若しくは生徒を教育する場合において特に必要があるときは，各教科，特別の教科である道徳（特別支援学校の高等部にあつては，前条に規定する特別支援学校高等部学習指導要領で定める道徳），外国語活動，特別活動及び自立活動の全部又は一部について，合わせて授業を行うことができる。

第百三十一条　特別支援学校の小学部，中学部又は高等部において，複数の種類の障害を併せ有する児童若しくは生徒を教育する場合又は教員を派遣して教育を行う場合において，特に必要があるときは，第百二十六条から第百二十九条までの規定にかかわらず，特別の教育課程によることができる。

2　前項の規定により特別の教育課程による場合において，文部科学大臣の検定を経た教科用図書又は文部科学省が著作の名義を有する教科用図書を使用することが適当でないときは，当該学校の設置者の定めるところにより，他の適切な教科用図書を使用することができる。

第百三十八条　小学校，中学校若しくは義務教育学校又は中等教育学校の前期課程における特別支援学級に係る教育課程については，特に必要がある場合は，第五十条第一項（第七十九条の六第一項において準用する場合を含む。），第五十一条，第五十二条（第七十九条の六第一項において準用する場合を含む。），第五十二条の三，第七十二条（第七十九条の六第二項及び第百八条第一項において準用する場合を含む。），第七十三条，第七十四条（第七十九条の六第二項及び第百八条第一項において準用する場合を含む。），第七十四条の三，第七十六条，第七十九条の五（第七十九条の十二において準用する場合を含む。）及び第百七条（第百十七条において準用する場合を含む。）の規

定にかかわらず，特別の教育課程によることができる。

第百四十条　小学校，中学校若しくは義務教育学校又は中等教育学校の
　　前期課程において，次の各号のいずれかに該当する児童又は生徒（特
　　別支援学級の児童及び生徒を除く。）のうち当該障害に応じた特別の
　　指導を行う必要があるものを教育する場合には，文部科学大臣が別に
　　定めるところにより，第五十条第一項（第七十九条の六第一項におい
　　て準用する場合を含む。），第五十一条，第五十二条（第七十九条の六
　　第一項において準用する場合を含む。），第五十二条の三，第七十二条
　　（第七十九条の六第二項及び第百八条第一項において準用する場合を
　　含む。），第七十三条，第七十四条（第七十九条の六第二項及び第百八
　　条第一項において準用する場合を含む。），第七十四条の三，第七十六
　　条，第七十九条の五（第七十九条の十二において準用する場合を含
　　む。）及び第百七条（第百十七条において準用する場合を含む。）の規
　　定にかかわらず，特別の教育課程によることができる。
　一　言語障害者
　二　自閉症者
　三　情緒障害者
　四　弱視者
　五　難聴者
　六　学習障害者
　七　注意欠陥多動性障害者
　八　その他障害のある者で，この条の規定により特別の教育課程によ
　　る教育を行うことが適当なもの
第百四十一条　前条の規定により特別の教育課程による場合において
　　は，校長は，児童又は生徒が，当該小学校，中学校，義務教育学校又

は中等教育学校の設置者の定めるところにより他の小学校，中学校，義務教育学校，中等教育学校の前期課程又は特別支援学校の小学部若しくは中学部において受けた授業を，当該小学校，中学校若しくは義務教育学校又は中等教育学校の前期課程において受けた当該特別の教育課程に係る授業とみなすことができる。

別表第一（第五十一条関係）

区分		第一学年	第二学年	第三学年	第四学年	第五学年	第六学年
各教科の授業時数	国　　語	306	315	245	245	175	175
	社　　会			70	90	100	105
	算　　数	136	175	175	175	175	175
	理　　科			90	105	105	105
	生　　活	102	105				
	音　　楽	68	70	60	60	50	50
	図画工作	68	70	60	60	50	50
	家　　庭					60	55
	体　　育	102	105	105	105	90	90
	外 国 語					70	70
特別の教科である道徳の授業時数		34	35	35	35	35	35
外国語活動の授業時数				35	35		
総合的な学習の時間の授業時数				70	70	70	70
特別活動の授業時数		34	35	35	35	35	35
総授業時数		850	910	980	1015	1015	1015

備考

一　この表の授業時数の一単位時間は，四十五分とする。

二　特別活動の授業時数は，小学校学習指導要領で定める学級活動（学校給食に係るものを除く。）に充てるものとする。

三　第五十条第二項の場合において，道徳のほかに宗教を加えるときは，宗教の授業時数をもつてこの表の道徳の授業時数の一部に代えることができる。（別表第二から別表第二の三まで及び別表第四の場合においても同様とする。）

◆小学校学習指導要領

（平成 29 年 3 月　告示）

第 1 章　総則
第 4　児童の発達の支援

2　特別な配慮を必要とする児童への指導

⑴　障害のある児童などへの指導

ア　障害のある児童などについては，特別支援学校等の助言又は援助を
　活用しつつ，個々の児童の障害の状態等に応じた指導内容や指導方法
　の工夫を組織的かつ計画的に行うものとする。

イ　特別支援学級において実施する特別の教育課程については，次のと
　おり編成するものとする。

　㋐　障害による学習上又は生活上の困難を克服し自立を図るため，特
　　別支援学校小学部・中学部学習指導要領第 7 章に示す自立活動を取
　　り入れること。

　㋑　児童の障害の程度や学級の実態等を考慮の上，各教科の目標や内
　　容を下学年の教科の目標や内容に替えたり，各教科を，知的障害者
　　である児童に対する教育を行う特別支援学校の各教科に替えたりす
　　るなどして，実態に応じた教育課程を編成すること。

ウ　障害のある児童に対して，通級による指導を行い，特別の教育課程
　を編成する場合には，特別支援学校小学部・中学部学習指導要領第 7
　章に示す自立活動の内容を参考とし，具体的な目標や内容を定め，指
　導を行うものとする。その際，効果的な指導が行われるよう，各教科
　等と通級による指導との関連を図るなど，教師間の連携に努めるもの
　とする。

エ　障害のある児童などについては，家庭，地域及び医療や福祉，保

健，労働等の業務を行う関係機関との連携を図り，長期的な視点で児童への教育的支援を行うために，個別の教育支援計画を作成し活用することに努めるとともに，各教科等の指導に当たって，個々の児童の実態を的確に把握し，個別の指導計画を作成し活用することに努めるものとする。特に，特別支援学級に在籍する児童や通級による指導を受ける児童については，個々の児童の実態を的確に把握し，個別の教育支援計画や個別の指導計画を作成し，効果的に活用するものとする。

(2) 海外から帰国した児童などの学校生活への適応や，日本語の習得に困難のある児童に対する日本語指導

ア 海外から帰国した児童などについては，学校生活への適応を図るとともに，外国における生活経験を生かすなどの適切な指導を行うものとする。

イ 日本語の習得に困難のある児童については，個々の児童の実態に応じた指導内容や指導方法の工夫を組織的かつ計画的に行うものとする。特に，通級による日本語指導については，教師間の連携に努め，指導についての計画を個別に作成することなどにより，効果的な指導に努めるものとする。

(3) 不登校児童への配慮

ア 不登校児童については，保護者や関係機関と連携を図り，心理や福祉の専門家の助言又は援助を得ながら，社会的自立を目指す観点から，個々の児童の実態に応じた情報の提供その他の必要な支援を行うものとする。

イ 相当の期間小学校を欠席し引き続き欠席すると認められる児童を対象として，文部科学大臣が認める特別の教育課程を編成する場合には，児童の実態に配慮した教育課程を編成するとともに，個別学習やグループ別学習など指導方法や指導体制の工夫改善に努めるものとする。

◆特別支援学校小学部・中学部学習指導要領

（平成 29 年 4 月　告示）

第 1 章　総則
第 1 節　教育目標

　小学部及び中学部における教育については，学校教育法第 72 条に定める目的を実現するために，児童及び生徒の障害の状態や特性及び心身の発達の段階等を十分考慮して，次に掲げる目標の達成に努めなければならない。

1　小学部においては，学校教育法第 30 条第 1 項に規定する小学校教育の目標

2　中学部においては，学校教育法第 46 条に規定する中学校教育の目標

3　小学部及び中学部を通じ，児童及び生徒の障害による学習上又は生活上の困難を改善・克服し自立を図るために必要な知識，技能，態度及び習慣を養うこと。

第 2 節　小学部及び中学部における教育の基本と教育課程の役割

2　(4)　学校における自立活動の指導は，障害による学習上又は生活上の困難を改善・克服し，自立し社会参加する資質を養うため，自立活動の時間はもとより，学校の教育活動全体を通じて適切に行うものとする。特に，自立活動の時間における指導は，各教科，道徳科，外国語活動，総合的な学習の時間及び特別活動と密接な関連を保ち，個々の児童又は生徒の障害の状態や特性及び心身の発達の段階等を的確に把握して，適切な指導計画の下に行うよう配慮すること。

第 8 節　重複障害者等に関する教育課程の取扱い

1　児童又は生徒の障害の状態により特に必要がある場合には，次に示すところによるものとする。その際，各教科，道徳科，外国語活動及

び特別活動の当該各学年より後の各学年（知的障害者である児童又は
生徒に対する教育を行う特別支援学校においては，各教科の当該各段
階より後の各段階）又は当該各学部より後の各学部の目標の系統性や
内容の関連に留意しなければならない。

(1)　各教科及び外国語活動の目標及び内容に関する事項の一部を取り扱
わないことができること。

(2)　各教科の各学年の目標及び内容の一部又は全部を，当該各学年より
前の各学年の目標及び内容の一部又は全部によって，替えることがで
きること。また，道徳科の各学年の内容の一部又は全部を，当該各学
年より前の学年の内容の一部又は全部によって，替えることができる
こと。

(3)　視覚障害者，聴覚障害者，肢体不自由者又は病弱者である児童に対
する教育を行う特別支援学校の小学部の外国語科については，外国語
活動の目標及び内容の一部を取り入れることができること。

(4)　中学部の各教科及び道徳科の目標及び内容に関する事項の一部又は
全部を，当該各教科に相当する小学部の各教科及び道徳科の目標及び
内容に関する事項の一部又は全部によって，替えることができるこ
と。

(5)　中学部の外国語科については，小学部の外国語活動の目標及び内容
の一部を取り入れることができること。

(6)　幼稚部教育要領に示す各領域のねらい及び内容の一部を取り入れる
ことができること。

2　知的障害者である児童に対する教育を行う特別支援学校の小学部に
就学する児童のうち，小学部の3段階に示す各教科又は外国語活動の
内容を習得し目標を達成している者については，小学校学習指導要領
第2章に示す各教科及び第4章に示す外国語活動の目標及び内容の一

部を取り入れることができるものとする。

　　また，知的障害者である生徒に対する教育を行う特別支援学校の中学部の2段階に示す各教科の内容を習得し目標を達成している者については，中学校学習指導要領第2章に示す各教科の目標及び内容並びに小学校学習指導要領第2章に示す各教科及び第4章に示す外国語活動の目標及び内容の一部を取り入れることができるものとする。

3　視覚障害者，聴覚障害者，肢体不自由者又は病弱者である児童又は生徒に対する教育を行う特別支援学校に就学する児童又は生徒のうち，知的障害を併せ有する者については，各教科の目標及び内容に関する事項の一部又は全部を，当該各教科に相当する第2章第1節第2款若しくは第2節第2款に示す知的障害者である児童又は生徒に対する教育を行う特別支援学校の各教科の目標及び内容の一部又は全部によって，替えることができるものとする。また，小学部の児童については，外国語活動の目標及び内容の一部又は全部を第4章第2款に示す知的障害者である児童に対する教育を行う特別支援学校の外国語活動の目標及び内容の一部又は全部によって，替えることができるものとする。したがって，この場合，小学部の児童については，外国語科及び総合的な学習の時間を，中学部の生徒については，外国語科を設けないことができるものとする。

4　重複障害者のうち，障害の状態により特に必要がある場合には，各教科，道徳科，外国語活動若しくは特別活動の目標及び内容に関する事項の一部又は各教科，外国語活動若しくは総合的な学習の時間に替えて，自立活動を主として指導を行うことができるものとする。

5　障害のため通学して教育を受けることが困難な児童又は生徒に対して，教員を派遣して教育を行う場合については，上記1から4に示すところによることができるものとする。

6 重複障害者，療養中の児童若しくは生徒又は障害のため通学して教育を受けることが困難な児童若しくは生徒に対して教員を派遣して教育を行う場合について，特に必要があるときは，実情に応じた授業時数を適切に定めるものとする。

第7章　自立活動
第1　目標
　個々の児童又は生徒が自立を目指し，障害による学習上又は生活上の困難を主体的に改善・克服するために必要な知識，技能，態度及び習慣を養い，もって心身の調和的発達の基盤を培う。

第2　内容
1　健康の保持
　(1)　生活のリズムや生活習慣の形成に関すること。
　(2)　病気の状態の理解と生活管理に関すること。
　(3)　身体各部の状態の理解と養護に関すること。
　(4)　障害の特性の理解と生活環境の調整に関すること。
　(5)　健康状態の維持・改善に関すること。
2　心理的な安定
　(1)　情緒の安定に関すること。
　(2)　状況の理解と変化への対応に関すること。
　(3)　障害による学習上又は生活上の困難を改善・克服する意欲に関すること。
3　人間関係の形成
　(1)　他者とのかかわりの基礎に関すること。
　(2)　他者の意図や感情の理解に関すること。
　(3)　自己の理解と行動の調整に関すること。

(4)　集団への参加の基礎に関すること。

4　環境の把握

(1)　保有する感覚の活用に関すること。

(2)　感覚や認知の特性についての理解と対応に関すること。

(3)　感覚の補助及び代行手段の活用に関すること。

(4)　感覚を総合的に活用した周囲の状況についての把握と状況に応じた行動に関すること。

(5)　認知や行動の手掛かりとなる概念の形成に関すること。

5　身体の動き

(1)　姿勢と運動・動作の基本的技能に関すること。

(2)　姿勢保持と運動・動作の補助的手段の活用に関すること。

(3)　日常生活に必要な基本動作に関すること。

(4)　身体の移動能力に関すること。

(5)　作業に必要な動作と円滑な遂行に関すること。

6　コミュニケーション

(1)　コミュニケーションの基礎的能力に関すること。

(2)　言語の受容と表出に関すること。

(3)　言語の形成と活用に関すること。

(4)　コミュニケーション手段の選択と活用に関すること。

(5)　状況に応じたコミュニケーションに関すること

第3　個別の指導計画の作成と内容の取扱い

1　自立活動の指導に当たっては，個々の児童又は生徒の障害の状態や特性及び心身の発達の段階等の的確な把握に基づき，指導すべき課題を明確にすることによって，指導目標及び指導内容を設定し，個別の指導計画を作成するものとする。その際，第2に示す内容の中からそれぞれに必要とする項目を選定し，それらを相互に関連付け，具体的

に指導内容を設定するものとする。

2　個別の指導計画の作成に当たっては，次の事項に配慮するものとする。

(1)　個々の児童又は生徒について，障害の状態，発達や経験の程度，興味・関心，生活や学習環境などの実態を的確に把握すること。

(2)　児童又は生徒の実態把握に基づいて得られた指導すべき課題相互の関連を検討すること。その際，これまでの学習状況や将来の可能性を見通しながら，長期的及び短期的な観点から指導目標を設定し，それらを達成するために必要な指導内容を段階的に取り上げること。

(3)　具体的な指導内容を設定する際には，以下の点を考慮すること。

ア　児童又は生徒が，興味をもって主体的に取り組み，成就感を味わうとともに自己を肯定的に捉えることができるような指導内容を取り上げること。

イ　児童又は生徒が，障害による学習上又は生活上の困難を改善・克服しようとする意欲を高めることができるような指導内容を重点的に取り上げること。

ウ　個々の児童又は生徒が，発達の遅れている側面を補うために，発達の進んでいる側面を更に伸ばすような指導内容を取り上げること。

エ　個々の児童又は生徒が，活動しやすいように自ら環境を整えたり，必要に応じて周囲の人に支援を求めたりすることができるような指導内容を計画的に取り上げること。

オ　個々の児童又は生徒に対し，自己選択・自己決定する機会を設けることによって，思考・判断・表現する力を高めることができるような指導内容を取り上げること。

　カ　個々の児童又は生徒が，自立活動における学習の意味を将来の自立や社会参加に必要な資質・能力との関係において理解し，取り組めるような指導内容を取り上げること。

　⑷　児童又は生徒の学習状況や結果を適切に評価し，個別の指導計画や具体的な指導の改善に生かすよう努めること。

　⑸　各教科，道徳科，外国語活動，総合的な学習の時間及び特別活動の指導と密接な関連を保つようにし，計画的，組織的に指導が行われるようにするものとする。

3　個々の児童又は生徒の実態に応じた具体的な指導方法を創意工夫し，意欲的な活動を促すようにするものとする。

4　重複障害者のうち自立活動を主として指導を行うものについては，全人的な発達を促すために必要な基本的な指導内容を，個々の児童又は生徒の実態に応じて設定し，系統的な指導が展開できるようにするものとする。その際，個々の児童又は生徒の人間として調和のとれた育成を目指すように努めるものとする。

5　自立活動の指導は，専門的な知識や技能を有する教師を中心として，全教師の協力の下に効果的に行われるようにするものとする。

6　児童又は生徒の障害の状態等により，必要に応じて，専門の医師及びその他の専門家の指導・助言を求めるなどして，適切な指導ができるようにするものとする。

7　自立活動の指導の成果が進学先等でも生かされるように，個別の教育支援計画等を活用して関係機関等との連携を図るものとする。

◆障害者の権利に関する条約

（Convention on the Rights of Persons with Disabilities）

2006 年 12 月 13 日国連総会採択

第一条　目的

　この条約は，全ての障害者によるあらゆる人権及び基本的自由の完全かつ平等な享有を促進し，保護し，及び確保すること並びに障害者の固有の尊厳の尊重を促進することを目的とする。

　障害者には，長期的な身体的，精神的，知的又は感覚的な機能障害であって，様々な障壁との相互作用により他の者との平等を基礎として社会に完全かつ効果的に参加することを妨げ得るものを有する者を含む。

第二条　定義

　「合理的配慮」とは，障害者が他の者との平等を基礎として全ての人権及び基本的自由を享有し，又は行使することを確保するための必要かつ適当な変更及び調整であって，特定の場合において必要とされるものであり，かつ，均衡を失した又は過度の負担を課さないものをいう。

第二十四条　教育

1　締約国は，教育についての障害者の権利を認める。締約国は，この権利を差別なしに，かつ，機会の均等を基礎として実現するため，障害者を包容するあらゆる段階の教育制度及び生涯学習を確保する。当該教育制度及び生涯学習は，次のことを目的とする。

　⒜　人間の潜在能力並びに尊厳及び自己の価値についての意識を十分に発達させ，並びに人権，基本的自由及び人間の多様性の尊重を強化すること。

　⒝　障害者が，その人格，才能及び創造力並びに精神的及び身体的な能力をその可能な最大限度まで発達させること。

(c)　障害者が自由な社会に効果的に参加することを可能とすること。

2　締約国は，1の権利の実現に当たり，次のことを確保する。

(a)　障害者が障害に基づいて一般的な教育制度から排除されないこと
及び障害のある児童が障害に基づいて無償のかつ義務的な初等教育
から又は中等教育から排除されないこと。

(b)　障害者が，他の者との平等を基礎として，自己の生活する地域社
会において，障害者を包容し，質が高く，かつ，無償の初等教育を
享受することができること及び中等教育を享受することができるこ
と。

(c)　個人に必要とされる合理的配慮が提供されること。

(d)　障害者が，その効果的な教育を容易にするために必要な支援を一
般的な教育制度の下で受けること。

(e)　学問的及び社会的な発達を最大にする環境において，完全な包容
という目標に合致する効果的で個別化された支援措置がとられるこ
と。

3　締約国は，障害者が教育に完全かつ平等に参加し，及び地域社会の
構成員として完全かつ平等に参加することを容易にするため，障害者
が生活する上での技能及び社会的な発達のための技能を習得すること
を可能とする。このため，締約国は，次のことを含む適当な措置をと
る。

(a)　点字，代替的な文字，意思疎通の補助的及び代替的な形態，手段
及び様式並びに定位及び移動のための技能の習得並びに障害者相互
による支援及び助言を容易にすること。

(b)　手話の習得及び聾社会の言語的な同一性の促進を容易にするこ
と。

(c)　盲人，聾者又は盲聾者（特に盲人，聾者又は盲聾者である児童）

の教育が，その個人にとって最も適当な言語並びに意思疎通の形態
及び手段で，かつ，学問的及び社会的な発達を最大にする環境にお
いて行われることを確保すること。

4　締約国は，1の権利の実現の確保を助長することを目的として，手
話又は点字について能力を有する教員（障害のある教員を含む。）を
雇用し，並びに教育に従事する専門家及び職員（教育のいずれの段階
において従事するかを問わない。）に対する研修を行うための適当な
措置をとる。この研修には，障害についての意識の向上を組み入れ，
また，適当な意思疎通の補助的及び代替的な形態，手段及び様式の使
用並びに障害者を支援するための教育技法及び教材の使用を組み入れ
るものとする。

5　締約国は，障害者が，差別なしに，かつ，他の者との平等を基礎と
して，一般的な高等教育，職業訓練，成人教育及び生涯学習を享受す
ることができることを確保する。このため，締約国は，合理的配慮が
障害者に提供されることを確保する。

270

あとがき

　インクルーシブ教育システムの構築の上で，特別支援教育の推進は不可欠であるとの認識から，わが国ではこれまでさまざまな関連の施策を講じてきました。特別支援教育の制度的な整備は着実に進展し，学校教育現場のみならず，広く国民一般においてもインクルーシブ教育システムやこれを支える特別支援教育の理念が広まってきました。今後，新たな学習指導要領等が施行される中で，ますます特別支援教育の充実が求められることになります。特別支援教育の関係者は，特別支援教育の現状において指摘されるさまざまな課題を客観的に分析し，かつ主体的な解決を図っていくことになります。

　本書は，インクルーシブ教育システムの構築を支える特別支援教育とは何か，歴史や制度等について総論的に取り上げるとともに，教育の形態や対象となる障害種といった各論的な内容を取り上げました。受講者，読者に特別支援教育に関する基礎的理解や理解の深化を図ることを想定したものです。学習を進める上で，あまり馴染みのない専門用語や内容に接し，戸惑いを感じたこともあったかもわかりません。特別支援教育に関する確かな学びとするために，本書の他に放送教材を活用し，あわせて関連の書籍も積極的に講読されることをすすめます。深い学びを通じて皆さんがインクルーシブ教育および特別支援教育のよき理解者，あるいは担い手となることを期待するものです。本書がその一助になるのであれば，執筆者にとってこれほどうれしいことはありません。

　最後に，本書の刊行に当たり，編集担当の青柳幸那さん，放送教材担

当の大熊千尋さんをはじめ，関係者の方には貴重なご示唆とご支援をいただきました。あらためて深謝いたします。

2019(令和元)年水無月吉日

安藤　隆男

索引

●配列は五十音順，＊は人名。

分担執筆者紹介

（執筆の章順）

河合　康（かわい・やすし）　　　　　　　　　　・執筆章→ 2・3

1961 年　長野県に生まれる
1988 年　筑波大学大学院博士課程心身障害学研究科単位取得
現在　　上越教育大学大学院学校教育研究科教授
専攻　　障害児教育の行政・制度・歴史
主な著書　わかりやすく学べる特別支援教育と障害児の心理・行動特
　　　　　性（編著　北樹出版, 2018）
　　　　　日本障害児教育史[戦前編]（共著　明石書店, 2018）
　　　　　特別支援教育（第 3 版）——人ひとりの教育的ニーズに応
　　　　　じて——（編著　福村出版, 2019）

一木　薫（いちき・かおる）　　　　　　　　　　・執筆章→ 4

2015 年　筑波大学大学院博士課程人間総合科学研究科障害科学専攻
　　　　　単位取得退学
現在　　福岡教育大学教授・博士（障害科学）
専攻　　特別支援教育, 肢体不自由教育
主な著書　特別支援教育：共生社会の実現に向けて（分担執筆　ミネ
　　　　　ルヴァ書房, 2018）
　　　　　自立活動の理念と実践（共同編著　ジアース教育新社,
　　　　　2016）
　　　　　よくわかる肢体不自由教育（分担執筆　ミネルヴァ書房,
　　　　　2015）
　　　　　重度・重複障害教育におけるカリキュラム評価——自立活動
　　　　　の課題とカリキュラム・マネジメント——（慶應義塾大学出
　　　　　版会, 2020）

小林　秀之 (こばやし・ひでゆき)

・執筆章→8

1965 年	東京都に生まれる
1996 年	筑波大学大学院博士課程心身障害学研究科心身障害学専攻 中途退学
現在	筑波大学人間系障害科学域准教授・博士（教育学）
専攻	視覚障害学
主な著書	視力の弱い子どもの理解と支援（分担執筆　教育出版, 1999） 障害者心理学（分担執筆　北大路書房，2017） 特別支援教育の到達点と可能性（分担執筆　金剛出版， 2017） 特別支援教育―共生社会の実現に向けて―（共同編著　ミ ネルヴァ書房，2018） ライフステージを見通した障害児保育と特別支援教育（分 担執筆　みらい，2020）

左藤　敦子（さとう・あつこ）

・執筆章→9

2005 年	筑波大学大学院博士課程心身障害科学研究科　修了
現在	筑波大学人間系，准教授，博士（教育学）
専攻	聴覚障害教育・心理
主な著書	リテラシーと聴覚障害（分担執筆　コレール社，2009） 特別支援教育―共生社会の実現に向けて―（分担執筆　ミネルヴァ書房，2018） 聴覚障害児の学習と指導―発達と心理学的基礎―（分担執筆　明石書店，2018） インクルーシブ教育時代の教員をめざすための特別支援教育入門（分担執筆　萌文書林，2019）

米田　宏樹 （よねだ・ひろき）

・執筆章→ 10

1969 年	宮崎県に生まれる
1997 年	筑波大学大学院心身障害学研究科単位取得退学
現在	筑波大学人間系准教授・博士（障害科学）
専攻	特別支援教育学・知的障害教育学
主な著書	特別支援教育を創造するための教育学（分担執筆　明石書店，2009）
	新訂　知的障害教育総論（分担執筆　放送大学教育振興会，2015）
	学校・施設アーカイブズ入門（分担執筆　大空社，2015）
	講座特別支援教育 3　特別支援教育の指導法［第 2 版］（分担執筆　教育出版，2016）
	特別支援教育の到達点と可能性（分担執筆　金剛出版，2017）
	特別支援教育―共生社会の実現に向けて―（共同編著　ミネルヴァ書房，2018）

任　龍在 (イム・ヨンジェ)

・執筆章→ 11

1976 年　韓国釜山に生まれる
2011 年　筑波大学大学院人間総合科学研究科障害科学専攻修了
現在　　群馬大学共同教育学部准教授・博士（障害科学）
専攻　　肢体不自由教育，重度・重複障害教育
主な著書　特別支援教育基礎論（分担執筆　放送大学教育振興会，
　　　　　2015）
　　　　　特別支援教育：共生社会の実現に向けて（分担執筆　ミネ
　　　　　ルヴァ書房，2018）

丹野　傑史（たんの・たかひと）
・執筆章→ 12

1983 年　青森県に生まれる
2014 年　筑波大学大学院人間総合科学研究科障害科学専攻修了
現在　　長野大学社会福祉学部准教授・博士（障害科学）
専攻　　教育課程　自立活動
主な著書　小林秀之・米田宏樹・安藤隆男（編）MINERVA はじめ
　　　　て学ぶ教職⑱特別支援教育—共生社会の実現に向けて—.
　　　　第 9 章　病弱教育（ミネルヴァ書房，2018）
　　　　成人脳性まひ者のキャリア継続に向けた意思表明支援の可
　　　　能性—職務困難場面および援助要請行動に着目して—. 長
　　　　野大学地域共生福祉論集，13，2019
　　　　東京教育大学教育学部附属桐が丘養護学校の養護・訓練に
　　　　おける動作訓練導入過程—研究紀要の分析—. 障害科学研
　　　　究，41，2017

岡崎　慎治（おかざき・しんじ）

・執筆章→ 13・15

1973 年	広島県に生まれる
2001 年	筑波大学大学院博士課程心身障害学研究科修了
現在	筑波大学准教授・博士（心身障害学）
専攻	障害科学，知的・発達・行動障害学
主な著書	日本版 DN-CAS 認知評価システム（共訳編著　日本文化 科学社）

藤井　和子 （ふじい・かずこ）

・執筆章→ 14

1963 年	栃木県に生まれる
1987 年	上越教育大学大学院学校教育研究科（修士課程）障害児教育専攻修了
現在	上越教育大学臨床・健康教育学系教授・修士（教育学）
専攻	言語障害教育，自立活動
主な著書	言語障害通級指導教室における発達障害を併せ有する児童の実態と指導上の課題．障害科学研究，第 40 巻，2016 言語障害通級担当教師の職務認識に関する調査研究．特殊教育学研究，第 55 巻，2017

編著者紹介

安藤　隆男 （あんどう・たかお）

1954 年	茨城県水戸市に生まれる
1978 年	東京教育大学教育学部卒業
1980 年	筑波大学大学院教育研究科修了
現在	筑波大学名誉教授・博士（教育学）
専攻	特別支援教育学，肢体不自由教育，自立活動論
主な著書	自立活動における個別の指導計画の理念と実践（川島書店）
	よくわかる肢体不自由教育（ミネルヴァ書房）
	講座　特別支援教育3　特別支援教育の指導法（教育出版）
	特別支援教育を創造するための教育学（明石書店）

放送大学教材　1529382-1-2011（ラジオ）

特別支援教育基礎論

発　行　　2020 年 3 月 20 日　第 1 刷
　　　　　2021 年 2 月 20 日　第 2 刷
編著者　　安藤隆男
発行所　　一般財団法人　放送大学教育振興会
　　　　　〒 105-0001　東京都港区虎ノ門 1-14-1　郵政福祉琴平ビル
　　　　　電話　03（3502）2750

Printed in Japan　ISBN978-4-595-32175-7　C1337